I0158084

PREFÁCIO

A coleção de frases de viagem "Vai tudo correr bem!" publicada pela T&P Books é concebida para pessoas que vão ao estrangeiro em viagens de turismo e negócios. Os livros de frases contêm o que é mais importante - o essencial para uma comunicação básica. Este é um conjunto indispensável de frases para "sobreviver" no estrangeiro.

Este Guia de Conversação irá ajudá-lo na maioria das situações em que precise de perguntar alguma coisa, obter direções, saber quanto custa algo, etc. Pode também resolver situações de difícil comunicação onde os gestos simplesmente não ajudam.

Este livro contém uma série de frases que foram agrupadas de acordo com os tópicos mais relevantes. Uma secção separada do livro também fornece um pequeno dicionário com mais de 1.500 palavras importantes e úteis.

Leve consigo para a estrada o Guia de Conversação "Vai tudo correr bem!" e terá um companheiro de viagem insubstituível, que irá ajudá-lo a encontrar o seu caminho em qualquer situação e ensiná-lo a não recear falar com estrangeiros.

TABELA DE CONTEÚDOS

T&P Books Publishing

Coleção Guias de Conversação
"Vai tudo correr bem!"

T&P Books Publishing

GUIA DE CONVERSAÇÃO
— COREANO —

AS PALAVRAS E AS FRASES MAIS ÚTEIS

Este guia de conversação
contém frases e perguntas
comuns essenciais para uma
comunicação básica
com estrangeiros

Andrey Taranov

T&P BOOKS

Frases + dicionário de 1500 palavras

Guia de Conversação Português-Coreano e dicionário conciso 1500 palavras

Por Andrey Taranov

A coleção de frases de viagem "Vai tudo correr bem!" publicada pela T&P Books é concebida para pessoas que vão ao estrangeiro em viagens de turismo e negócios. Os livros de frases contêm o que é mais importante - o essencial para uma comunicação básica. Este é um conjunto indispensável de frases para "sobreviver" no estrangeiro.

Outra secção do livro também fornece um pequeno dicionário com mais de 1.500 palavras úteis, organizadas por ordem alfabética. O dicionário inclui muitos termos gastronômicos e será útil quando pedir comida num restaurante ou comprar alimentos numa loja.

Editora T&P Books
www.tpbooks.com

ISBN: 978-1-78616-874-0

Este livro também está disponível em formato E-book.
Por favor visite www.tpbooks.com ou as principais livrarias on-line.

PRONÚNCIA

Letra	Exemplo Coreano	Alfabeto fonético T&P	Exemplo Português

Consoantes

Letra	Exemplo Coreano	Alfabeto fonético T&P	Exemplo Português
ㄱ 1	개	[k]	kiwi
ㄱ 2	아기	[g]	gosto
ㄲ	껌	[k]	[k] tensionada
ㄴ	눈	[n]	natureza
ㄷ 3	달	[t]	tulipa
ㄷ 4	사다리	[d]	dentista
ㄸ	딸	[t]	[t] tensionada
ㄹ 5	라디오	[r]	riscar
ㄹ 6	십팔	[l]	libra
ㅁ	문	[m]	magnólia
ㅂ 7	봄	[p]	presente
ㅂ 8	아버지	[b]	barril
ㅃ	빵	[p]	[p] tensionada
ㅅ 9	실	[s]	sanita
ㅅ 10	옷	[t]	tulipa
ㅆ	쌀	[ja:]	Himalaias
ㅇ 11	강	[ng]	flamingo
ㅈ 12	짐	[tɕ]	tchetcheno
ㅈ 13	아주	[dʑ]	tajique
ㅉ	짬	[tɕ]	[tch] tensionado
ㅊ	차	[tɕh]	[tsch] aspirado
ㅌ	택시	[th]	[t] aspirada
ㅋ	칼	[kh]	[k] aspirada
ㅍ	포도	[ph]	[p] aspirada
ㅎ	한국	[h]	[h] aspirada

Letra	Exemplo Coreano	Alfabeto fonético T&P	Exemplo Português

Vogais e combinações com vogais

ㅏ	사	[a]	chamar
ㅑ	향	[ja]	Himalaias
ㅓ	머리	[ʌ]	fax
ㅕ	병	[jɑ]	Himalaias
ㅗ	몸	[o]	lobo
ㅛ	표	[jɔ]	ioga
ㅜ	물	[u]	bonita
ㅠ	슈퍼	[ju]	nacional
ㅡ	음악	[ɪ]	sinónimo
ㅣ	길	[i], [i:]	sinónimo
ㅐ	뱀	[ɛ], [ɛ:]	mover
ㅒ	애기	[je]	folheto
ㅔ	펜	[e]	metal
ㅖ	계산	[je]	folheto
ㅘ	왕	[wa]	Taiwan
ㅙ	왜	[ʊə]	adoecer
ㅚ	회의	[ø], [we]	orgulhoso, web
ㅝ	권	[uɔ]	álcool
ㅞ	웬	[ʊə]	adoecer
ㅟ	쥐	[wi]	kiwi
ㅢ	거의	[ɯi]	combinação [ɪi]

Comentários

[1] no início de uma palavra
[2] entre sons vocalizados
[3] no início de uma palavra
[4] entre sons vocalizados
[5] no fim de uma sílaba
[6] no fim de uma sílaba
[7] no início de uma palavra
[8] entre sons vocalizados
[9] no fim de uma sílaba
[10] no fim de uma sílaba
[11] no fim de uma sílaba
[12] no início de uma palavra
[13] entre sons vocalizados

LISTA DE ABREVIATURAS

Abreviaturas do Português

adj	-	adjetivo
adv	-	advérbio
anim.	-	animado
conj.	-	conjunção
desp.	-	desporto
etc.	-	etecetra
ex.	-	por exemplo
f	-	nome feminino
f pl	-	feminino plural
fem.	-	feminino
inanim.	-	inanimado
m	-	nome masculino
m pl	-	masculino plural
m, f	-	masculino, feminino
masc.	-	masculino
mat.	-	matemática
mil.	-	militar
pl	-	plural
prep.	-	preposição
pron.	-	pronome
sb.	-	sobre
sing.	-	singular
v aux	-	verbo auxiliar
vi	-	verbo intransitivo
vi, vt	-	verbo intransitivo, transitivo
vp	-	verbo pronominal
vt	-	verbo transitivo

T&P BOOKS

GUIA DE
CONVERSAÇÃO
COREÁNO

Esta secção contém frases
importantes que podem vir
a ser úteis em várias
situações da vida real.
O Guia de Conversação irá
ajudá-lo a pedir orientações,
esclarecer um preço,
comprar bilhetes e pedir
comida num restaurante

T&P Books Publishing

CONTEÚDO DO GUIA DE CONVERSAÇÃO

T&P Books Publishing

O mínimo

Desculpe, ...	실례합니다, … sil-lye-ham-ni-da, ...
Olá!	안녕하세요. an-nyeong-ha-se-yo.
Obrigado /Obrigada/.	감사합니다. gam-sa-ham-ni-da.
Adeus.	안녕히 계세요. an-nyeong-hi gye-se-yo.
Sim.	네. ne.
Não.	아니오. a-ni-o.
Não sei.	모르겠어요. mo-reu-ge-seo-yo.
Onde? | Para onde? | Quando?	어디예요? | 어디까지 가세요? | 언제요? eo-di-ye-yo? | eo-di-kka-ji ga-se-yo? | eon-je-yo?

Preciso de ...	… 필요해요. … pi-ryo-hae-yo.
Eu queria ...	… 싶어요. … si-peo-yo.
Tem ...?	… 있으세요? … i-seu-se-yo?
Há aqui ...?	여기 … 있어요? yeo-gi … i-seo-yo?
Posso ...?	…해도 되나요? … hae-do doe-na-yo?
..., por favor	…, 부탁합니다. …, bu-tak-am-ni-da.

Estou à procura de ...	… 찾고 있어요. … chat-go i-seo-yo.
casa de banho	화장실 hwa-jang-sil
Multibanco	현금인출기 hyeon-geum-in-chul-gi
farmácia	약국 yak-guk
hospital	병원 byeong-won
esquadra de polícia	경찰서 gyeong-chal-seo

metro	지하철 ji-ha-cheol
táxi	택시 taek-si
estação de comboio	기차역 gi-cha-yeok

Chamo-me ...	제 이름은 ··· 입니다. je i-reu-meun ... im-ni-da.
Como se chama?	성함이 어떻게 되세요? seong-ham-i eo-tteo-ke doe-se-yo?
Pode-me dar uma ajuda?	도와주세요. do-wa-ju-se-yo.
Tenho um problema.	문제가 있어요. mun-je-ga i-seo-yo.
Não me sinto bem.	몸이 안 좋아요. mom-i an jo-a-yo.
Chame a ambulância!	구급차를 불러 주세요! gu-geup-cha-reul bul-leo ju-se-yo!
Posso fazer uma chamada?	전화를 써도 되나요? jeon-hwa-reul sseo-do doe-na-yo?

Desculpe.	죄송합니다. joe-song-ham-ni-da.
De nada.	천만에요. cheon-man-e-yo.

eu	저 jeo
tu	너 neo
ele	그 geu
ela	그녀 geu-nyeo
eles	그들 geu-deul
elas	그들 geu-deul
nós	우리 u-ri
vocês	너희 neo-hui
você	당신 dang-sin

ENTRADA	입구 ip-gu
SAÍDA	출구 chul-gu
FORA DE SERVIÇO	고장 go-jang

FECHADO

닫힘
da-chim

ABERTO

열림
yeol-lim

PARA SENHORAS

여성용
yeo-seong-yong

PARA HOMENS

남성용
nam-seong-yong

Perguntas

Onde?

어디예요?
eo-di-ye-yo?

Para onde?

어디까지 가세요?
eo-di-kka-ji ga-se-yo?

De onde?

어디에서요?
eo-di-e-seo-yo?

Porquê?

왜요?
wae-yo?

Porque razão?

무슨 이유에서요?
mu-seun i-yu-e-seo-yo?

Quando?

언제요?
eon-je-yo?

Quanto tempo?

얼마나요?
eol-ma-na-yo?

A que horas?

몇 시에요?
myeot si-e-yo?

Quanto?

얼마예요?
eol-ma-ye-yo?

Tem ...?

··· 있으세요?
... i-seu-se-yo?

Onde fica ...?

··· 어디 있어요?
... eo-di i-seo-yo?

Que horas são?

지금 몇 시예요?
ji-geum myeot si-ye-yo?

Posso fazer uma chamada?

전화를 써도 되나요?
jeon-hwa-reul sseo-do doe-na-yo?

Quem é?

누구세요?
nu-gu-se-yo?

Posso fumar aqui?

담배를 피워도 되나요?
dam-bae-reul pi-wo-do doe-na-yo?

Posso ...?

··· 되나요?
... doe-na-yo?

Necessidades

Eu gostaria de ...	··· 하고 싶어요. ... ha-go si-peo-yo.
Eu não quero ...	··· 하기 싫어요. ... ha-gi si-reo-yo.
Tenho sede.	목이 말라요. mo-gi mal-la-yo.
Eu quero dormir.	자고 싶어요. ja-go si-peo-yo.

Eu queria ...	··· 싶어요. ... si-peo-yo.
lavar-me	씻고 ssit-go
escovar os dentes	이를 닦고 i-reul dak-go
descansar um pouco	쉬고 swi-go
trocar de roupa	옷을 갈아입고 os-eul ga-ra-ip-go

voltar ao hotel	호텔로 돌아가고 ho-tel-lo do-ra-ga-go
comprar ...	··· 사고 ... sa-go
ir para ...	···에 가고 ...e ga-go
visitar ...	···에 방문하고 ...e bang-mun-ha-go
encontrar-me com ...	··· 만나고 ... man-na-go
fazer uma chamada	전화를 걸고 jeon-hwa-reul geol-go

Estou cansado /cansada/.	저는 지쳤어요. jeo-neun ji-chyeo-seo-yo.
Nós estamos cansados /cansadas/.	우리는 지쳤어요. u-ri-neun ji-chyeo-seo-yo.
Tenho frio.	추워요. chu-wo-yo.
Tenho calor.	더워요. deo-wo-yo.
Estou bem.	괜찮아요. gwaen-cha-na-yo.

Preciso de telefonar.

전화를 걸어야 해요.
jeon-hwa-reul geo-reo-ya hae-yo.

Preciso de ir à casa de banho.

화장실에 가야 해요.
hwa-jang-si-re ga-ya hae-yo.

Tenho de ir.

가야 해요.
ga-ya hae-yo.

Tenho de ir agora.

지금 가야 해요.
ji-geum ga-ya hae-yo.

Perguntando por direções

Desculpe, ...
실례합니다, ···
sil-lye-ham-ni-da, ...

Onde fica ...?
··· 어디 있어요?
... eo-di i-seo-yo?

Para que lado fica ...?
··· 어느 쪽이에요?
... eo-neu jjo-gi-ye-yo?

Pode-me dar uma ajuda?
도와주실 수 있어요?
do-wa-ju-sil su i-seo-yo?

Estou à procura de ...
··· 찾고 있어요.
... chat-go i-seo-yo.

Estou à procura da saída.
출구를 찾고 있어요.
chul-gu-reul chat-go i-seo-yo.

Eu vou para ...
···에 가고 있어요.
... e ga-go i-seo-yo.

Estou a ir bem para ...?
···에 가는데 이 길이 맞아요?
...e ga-neun-de i gi-ri ma-ja-yo?

Fica longe?
먼가요?
meon-ga-yo?

Posso ir até lá a pé?
걸어갈 수 있어요?
geo-reo-gal su i-seo-yo?

Pode-me mostrar no mapa?
지도에서 보여주실 수 있어요?
ji-do-e-seo bo-yeo-ju-sil su i-seo-yo?

Mostre-me onde estamos de momento.
지금 우리가 있는 곳을 보여주세요.
ji-geum u-ri-ga in-neun gos-eul bo-yeo-ju-se-yo.

Aqui
여기
yeo-gi

Ali
거기
geo-gi

Por aqui
이 길
i gil

Vire à direita.
오른쪽으로 가세요.
o-reun-jjo-geu-ro ga-se-yo.

Vire à esquerda.
왼쪽으로 가세요.
oen-jjo-geu-ro ga-se-yo.

primeira (segunda, terceira) curva
첫 번째 (두 번째, 세 번째) 골목
cheot beon-jjae (du beon-jjae, se beon-jjae) gol-mok

para a direita	오른쪽으로 o-reun-jjo-geu-ro
para a esquerda	왼쪽으로 oen-jjo-geu-ro
Vá sempre em frente.	직진하세요. jik-jin-ha-se-yo.

Sinais

BEM-VINDOS!	환영! hwa-nyeong!
ENTRADA	입구 ip-gu
SAÍDA	출구 chul-gu
EMPURRAR	미세요 mi-se-yo
PUXAR	당기세요 dang-gi-se-yo
ABERTO	열림 yeol-lim
FECHADO	닫힘 da-chim
PARA SENHORAS	여성용 yeo-seong-yong
PARA HOMENS	남성용 nam-seong-yong
HOMENS, CAVALHEIROS (m)	남성 (남) nam-seong (nam)
SENHORAS (f)	여성 (여) yeo-seong (yeo)
DESCONTOS	할인 ha-rin
SALDOS	세일 se-il
GRATUITO	무료 mu-ryo
NOVIDADE!	신상품! sin-sang-pum!
ATENÇÃO!	주의! ju-ui!
NÃO HÁ VAGAS	빈 방 없음 bin bang eop-seum
RESERVADO	예약석 ye-yak-seok
ADMINISTRAÇÃO	사무실 sa-mu-sil
ACESSO RESERVADO	직원 전용 ji-gwon jeo-nyong

CUIDADO COM O CÃO	개조심! gae-jo-sim!
NÃO FUMAR!	금연! geu-myeon!
NÃO MEXER!	만지지 마세요! man-ji-ji ma-se-yo!
PERIGOSO	위험 wi-heom
PERIGO	위험 wi-heom
ALTA TENSÃO	고압 전류 go-ap jeol-lyu
PROIBIDO NADAR	수영금지! su-yeong-geum-ji!

FORA DE SERVIÇO	고장 go-jang
INFLAMÁVEL	가연성 ga-yeon-seong
PROIBIDO	금지 geum-ji
PASSAGEM PROIBIDA	무단횡단 금지 mu-dan-hoeng-dan geum-ji
PINTADO DE FRESCO	젖은 페인트 jeo-jeun pe-in-teu

FECHADO PARA OBRAS	공사중 gong-sa-jung
TRABALHOS NA VIA	전방 공사중 jeon-bang gong-sa-jung
DESVIO	우회 도로 u-hoe do-ro

Transportes. Frases gerais

avião	비행기 bi-haeng-gi
comboio	기차 gi-cha
autocarro	버스 beo-seu

ferri	페리 pe-ri
táxi	택시 taek-si
carro	자동차 ja-dong-cha

horário	시간표 si-gan-pyo
Onde posso ver o horário?	시간표는 어디서 볼 수 있어요? si-gan-pyo-neun eo-di-seo bol su i-seo-yo?

dias de trabalho	평일 pyeong-il
fins de semana	주말 ju-mal
férias	휴일 hyu-il

PARTIDA	출발 chul-bal
CHEGADA	도착 do-chak
ATRASADO	지연 ji-yeon
CANCELADO	취소 chwi-so

próximo (comboio, etc.)	다음 da-eum
primeiro	첫 번째 cheot beon-jjae
último	마지막 ma-ji-mak

Quando é o próximo ...?	다음 ··· 언제인가요? da-eum ... eon-je-in-ga-yo?
Quando é o primeiro ...?	첫 ··· 언제인가요? cheot ... eon-je-in-ga-yo?
Quando é o último ...?	마지막 ··· 언제인가요? ma-ji-mak ... eon-je-in-ga-yo?

transbordo	환승 hwan-seung
fazer o transbordo	환승하다 hwan-seung-ha-da
Preciso de fazer o transbordo?	환승해야 해요? hwan-seung-hae-ya hae-yo?

Comprando bilhetes

Onde posso comprar bilhetes?	표는 어디서 사나요? pyo-neun eo-di-seo sa-na-yo?
bilhete	표 pyo
comprar um bilhete	표를 사다 pyo-reul sa-da
preço do bilhete	표 가격 pyo ga-gyeok

Para onde?	어디까지 가세요? eo-di-kka-ji ga-se-yo?
Para que estação?	어느 역까지 가세요? eo-neu yeok-kka-ji ga-se-yo?
Preciso de ...	··· 필요해요. ... pi-ryo-hae-yo.

um bilhete	표 한 장 pyo han jang
dois bilhetes	표 두 장 pyo du jang
três bilhetes	표 세 장 pyo se jang

só de ida	편도 pyeon-do
de ida e volta	왕복 wang-bok
primeira classe	일등석 il-deung-seok
segunda classe	이등석 i-deung-seok

hoje	오늘 o-neul
amanhã	내일 nae-il
depois de amanhã	모레 mo-re
de manhã	아침에 a-chim-e
à tarde	오후에 o-hu-e
ao fim da tarde	저녁에 jeo-nyeo-ge

lugar de corredor	복도 좌석 bok-do jwa-seok
lugar à janela	창가 좌석 chang-ga jwa-seok
Quanto?	얼마예요? eol-ma-ye-yo?
Posso pagar com cartão de crédito?	신용카드 돼요? si-nyong-ka-deu dwae-yo?

Autocarro

autocarro	버스 beo-seu
camioneta (autocarro interurbano)	시외버스 si-oe-beo-seu
paragem de autocarro	버스 정류장 beo-seu jeong-nyu-jang
Onde é a paragem de autocarro mais perto?	가까운 버스 정류장이 어디예요? ga-kka-un beo-seu jeong-nyu-jang-i eo-di-ye-yo?

número	번호 beon-ho
Qual o autocarro que apanho para ...?	…에 가려면 어느 버스를 타야 해요? … e ga-ryeo-myeon eo-neu beo-seu-reul ta-ya hae-yo?
Este autocarro vai até ...?	이 버스 … 가요? i beo-seu ... ga-yo?
Com que frequência passam os autocarros?	버스는 얼마나 자주 와요? beo-seu-neun eol-ma-na ja-ju wa-yo?

de 15 em 15 minutos	십오 분 마다 si-bo bun ma-da
de meia em meia hora	삼십 분 마다 sam-sip bun ma-da
de hora a hora	한 시간 마다 han si-gan ma-da
várias vezes ao dia	하루에 여러 번 ha-ru-e yeo-reo beon
... vezes ao dia	하루에 …번 ha-ru-e ...beon

horário	시간표 si-gan-pyo
Onde posso ver o horário?	시간표는 어디서 볼 수 있어요? si-gan-pyo-neun eo-di-seo bol su i-seo-yo?
Quando é o próximo autocarro?	다음 버스는 언제인가요? da-eum beo-seu-neun eon-je-in-ga-yo?
Quando é o primeiro autocarro?	첫 버스는 언제인가요? cheot beo-seu-neun eon-je-in-ga-yo?

Quando é o último autocarro?

마지막 버스는
언제인가요?
ma-ji-mak beo-seu-neun
eon-je-in-ga-yo?

paragem

정류장
jeong-nyu-jang

próxima paragem

다음 정류장
da-eum jeong-nyu-jang

última paragem

종점
jong-jeom

Pare aqui, por favor.

여기에 세워 주세요.
yeo-gi-e se-wo ju-se-yo.

Desculpe, esta é a minha paragem.

실례합니다, 저 여기서
내려요.
sil-lye-ham-ni-da, jeo yeo-gi-seo
nae-ryeo-yo.

Comboio

comboio	기차 gi-cha
comboio sub-urbano	교외 전차 gyo-oe jeon-cha
comboio de longa distância	장거리 기차 jang-geo-ri gi-cha
estação de comboio	기차역 gi-cha-yeok
Desculpe, onde fica a saída para a plataforma?	실례합니다, 플랫폼으로 가는 출구가 어디인가요? sil-lye-ham-ni-da, peul-laet-po-meu-ro ga-neun chul-gu-ga eo-di-in-ga-yo?

Este comboio vai até ...?	이 기차 ⋯에 가요? i gi-cha ...e ga-yo?
próximo comboio	다음 기차 da-eum gi-cha
Quando é o próximo comboio?	다음 기차는 언제인가요? da-eum gi-cha-neun eon-je-in-ga-yo?

Onde posso ver o horário?	시간표는 어디서 볼 수 있어요? si-gan-pyo-neun eo-di-seo bol su i-seo-yo?
Apartir de que plataforma?	어느 플랫폼에서 출발해요? eo-neu peul-laet-pom-e-seo chul-bal-hae-yo?
Quando é que o comboio chega a ...?	기차가 ⋯에 언제 도착해요? gi-cha-ga ...e eon-je do-chak-ae-yo?

Ajude-me, por favor.	도와주세요. do-wa-ju-se-yo.
Estou à procura do meu lugar.	제 좌석을 찾고 있어요. je jwa-seo-geul chat-go i-seo-yo.
Nós estamos à procura dos nossos lugares.	우리 좌석을 찾고 있어요. u-ri jwa-seo-geul chat-go i-seo-yo.

O meu lugar está ocupado.	제 좌석에 다른 사람이 있어요. je jwa-seo-ge da-reun sa-ram-i i-seo-yo.
Os nossos lugares estão ocupados.	우리 좌석에 다른 사람이 있어요. u-ri jwa-seo-ge da-reun sa-ram-i i-seo-yo.

Peço desculpa mas este é o meu lugar.

죄송하지만 여긴 제
좌석이에요.
joe-song-ha-ji-man nyeo-gin je
jwa-seo-gi-ye-yo.

Este lugar está ocupado?

이 좌석 비었나요?
i jwa-seok bi-eon-na-yo?

Posso sentar-me aqui?

여기 앉아도 되나요?
yeo-gi an-ja-do doe-na-yo?

No comboio. Diálogo (Sem bilhete)

Bilhete, por favor.
표 보여주세요.
pyo bo-yeo-ju-se-yo.

Não tenho bilhete.
표가 없어요.
pyo-ga eop-seo-yo.

Perdi o meu bilhete.
표를 잃어버렸어요.
pyo-reul ri-reo-beo-ryeo-seo-yo.

Esqueci-me do bilhete em casa.
표를 집에 두고 왔어요.
pyo-reul ji-be du-go wa-seo-yo.

Pode comprar um bilhete a mim.
저한테 표를 사실 수 있어요.
jeo-han-te pyo-reul sa-sil su i-seo-yo.

Terá também de pagar uma multa.
벌금도 내셔야 해요.
beol-geum-do nae-syeo-ya hae-yo.

Está bem.
알았어요.
a-ra-seo-yo.

Onde vai?
어디까지 가세요?
eo-di-kka-ji ga-se-yo?

Eu vou para ...
···에 가고 있어요.
... e ga-go i-seo-yo.

Quanto é? Eu não entendo.
얼마예요? 못 알아들었어요.
eol-ma-ye-yo? mot a-ra-deu-reo-seo-yo.

Escreva, por favor.
적어 주세요.
jeo-geo ju-se-yo.

Está bem. Posso pagar com cartão de crédito?
알았어요. 신용카드 돼요?
a-ra-seo-yo. si-nyong-ka-deu dwae-yo?

Sim, pode.
네, 돼요.
ne, dwae-yo.

Aqui tem a sua fatura.
영수증 여기 있어요.
yeong-su-jeung yeo-gi i-seo-yo.

Desculpe pela multa.
벌금을 내게 되어서
유감이에요.
beol-geu-meul lae-ge doe-eo-seo
yu-gam-i-ye-yo.

Não tem mal. A culpa foi minha.
괜찮아요. 제 잘못이예요.
gwaen-cha-na-yo. je jal-mo-si-ye-yo.

Desfrute da sua viagem.
즐거운 여행 되세요.
jeul-geo-un nyeo-haeng doe-se-yo.

Taxi

táxi	택시 taek-si
taxista	택시 운전사 taek-si un-jeon-sa
apanhar um táxi	택시를 잡다 taek-si-reul jap-da
paragem de táxis	택시 정류장 taek-si jeong-nyu-jang
Onde posso apanhar um táxi?	어디서 택시를 탈 수 있어요? eo-di-seo taek-si-reul tal su i-seo-yo?

chamar um táxi	택시를 부르다. taek-si-reul bu-reu-da.
Preciso de um táxi.	택시가 필요해요. taek-si-ga pi-ryo-hae-yo.
Agora.	지금 당장. ji-geum dang-jang.
Qual é a sua morada?	주소가 어디예요? ju-so-ga eo-di-ye-yo?
A minha morada é ...	제 주소는 …예요. je ju-so-neun ...ye-yo.
Qual o seu destino?	목적지가 어디예요? mok-jeok-ji-ga eo-di-ye-yo?

Desculpe, ...	실례합니다, … sil-lye-ham-ni-da, ...
Está livre?	타도 돼요? ta-do dwae-yo?
Em quanto fica a corrida até ...?	…까지 얼마예요? ...kka-ji eol-ma-ye-yo?
Sabe onde é?	여기가 어딘지 아세요? yeo-gi-ga eo-din-ji a-se-yo?
Para o aeroporto, por favor.	공항까지 가 주세요. gong-hang-kka-ji ga ju-se-yo.
Pare aqui, por favor.	여기에 세워 주세요. yeo-gi-e se-wo ju-se-yo.
Não é aqui.	여기가 아니예요. yeo-gi-ga a-ni-ye-yo.
Esta morada está errada. (Não é aqui)	잘못된 주소예요. jal-mot-doen ju-so-ye-yo.
Vire à esquerda.	왼쪽으로 가세요. oen-jjo-geu-ro ga-se-yo.
Vire à direita.	오른쪽으로 가세요. o-reun-jjo-geu-ro ga-se-yo.

Quanto lhe devo?	얼마 내야 해요? eol-ma nae-ya hae-yo?
Queria fatura, por favor.	영수증 주세요. yeong-su-jeung ju-se-yo.
Fique com o troco.	잔돈은 가지세요. jan-do-neun ga-ji-se-yo.

Espere por mim, por favor.	기다려 주시겠어요? gi-da-ryeo ju-si-ge-seo-yo?
5 minutos	오분 o-bun
10 minutos	십분 sip-bun
15 minutos	십오 분 si-bo bun
20 minutos	이십분 i-sip-bun
meia hora	삼십분 sam-sip bun

Hotel

Olá!	안녕하세요. an-nyeong-ha-se-yo.
Chamo-me ...	제 이름은 ··· 입니다. je i-reu-meun ... im-ni-da.
Tenho uma reserva.	예약했어요. ye-yak-ae-seo-yo.
Preciso de ...	··· 필요해요. ... pi-ryo-hae-yo.
um quarto de solteiro	싱글 룸 하나 sing-geul lum ha-na
um quarto de casal	더블 룸 하나 deo-beul lum ha-na
Quanto é?	저건 얼마예요? jeo-geon eol-ma-ye-yo?
Está um pouco caro.	그건 조금 비싸요. geu-geon jo-geum bi-ssa-yo.
Não tem outras opções?	다른 옵션 있어요? da-reun op-syeon i-seo-yo?
Eu fico com ele.	그걸로 할게요. geu-geol-lo hal-ge-yo.
Eu pago em dinheiro.	현금으로 낼게요. hyeon-geu-meu-ro nael-ge-yo.
Tenho um problema.	문제가 있어요. mun-je-ga i-seo-yo
O meu ... está partido /A minha ... está partida/.	제 ··· 망가졌어요. je ... mang-ga-jyeo-seo-yo.
O meu ... está avariado /A minha ... está avariada/.	제 ··· 고장났어요. je ... go-jang-na-seo-yo.
televisor (m)	텔레비전 tel-le-bi-jeon
ar condicionado (m)	에어컨 e-eo-keon
torneira (f)	수도꼭지 su-do-kkok-ji
duche (m)	샤워기 sya-wo-gi
lavatório (m)	세면대 se-myeon-dae
cofre (m)	금고 geum-go

fechadura (f)	도어락 do-eo-rak
tomada elétrica (f)	콘센트 kon-sen-teu
secador de cabelo (m)	헤어 드라이어 he-eo deu-ra-i-eo

Não tenho ...	··· 안 나와요. … an na-wa-yo.
água	물 mul
luz	전등 jeon-deung
eletricidade	전기 jeon-gi

Pode dar-me ...?	··· 주실 수 있어요? … ju-sil su i-seo-yo?
uma toalha	수건 su-geon
um cobertor	담요 da-myo
uns chinelos	슬리퍼 seul-li-peo
um roupão	가운 ga-un
algum champô	샴푸 syam-pu
algum sabonete	비누 bi-nu

Gostaria de trocar de quartos.	방을 바꾸고 싶어요. bang-eul ba-kku-go si-peo-yo.
Não consigo encontrar a minha chave.	열쇠를 못 찾겠어요. yeol-soe-reul mot chat-ge-seo-yo.
Abra-me o quarto, por favor.	제 방 문을 열어주실 수 있어요? je bang mu-neul ryeo-reo-ju-sil su i-seo-yo?

Quem é?	누구세요? nu-gu-se-yo?
Entre!	들어오세요! deu-reo-o-se-yo!
Um minuto!	잠깐만요! jam-kkan-ma-nyo!

Agora não, por favor.	지금 당장은 안돼요. ji-geum dang-jang-eun an-dwae-yo.
Venha ao meu quarto, por favor.	제 방으로 와 주세요. je bang-eu-ro wa ju-se-yo.

Gostaria de encomendar comida.	룸서비스를 받고 싶어요. rum-seo-bi-seu-reul bat-go si-peo-yo.
O número do meu quarto é ...	제 방 번호는 …예요. je bang beon-ho-neun …ye-yo.

Estou de saída ...	저는 …에 떠나요. jeo-neun ... e tteo-na-yo.
Estamos de saída ...	우리는 …에 떠나요. u-ri-neun …e tteo-na-yo.
agora	지금 당장 ji-geum dang-jang
esta tarde	오늘 오후 o-neul ro-hu
hoje à noite	오늘밤 o-neul-bam
amanhã	내일 nae-il
amanhã de manhã	내일 아침 nae-il ra-chim
amanhã ao fim da tarde	내일 저녁 nae-il jeo-nyeok
depois de amanhã	모레 mo-re

Gostaria de pagar.	계산하고 싶어요. gye-san-ha-go si-peo-yo.
Estava tudo maravilhoso.	전부 다 아주 좋았어요. jeon-bu da a-ju jo-a-seo-yo.
Onde posso apanhar um táxi?	어디서 택시를 탈 수 있어요? eo-di-seo taek-si-reul tal su i-seo-yo?
Pode me chamar um táxi, por favor?	택시 불러주실 수 있어요? taek-si bul-leo-ju-sil su i-seo-yo?

Restaurante

Posso ver o menu, por favor?
메뉴판 볼 수 있어요?
me-nyu-pan bol su i-seo-yo?

Mesa para um.
한 명이요.
han myeong-i-yo.

Somos dois (três, quatro).
두 (세, 네) 명이요.
du (se, ne) myeong-i-yo.

Para fumadores
흡연
heu-byeon

Para não fumadores
금연
geu-myeon

Por favor!
저기요!
jeo-gi-yo!

menu
메뉴판
me-nyu-pan

lista de vinhos
와인 리스트
wa-in li-seu-teu

O menu, por favor.
메뉴판 주세요.
me-nyu-pan ju-se-yo.

Já escolheu?
주문하시겠어요?
ju-mun-ha-si-ge-seo-yo?

O que vai tomar?
어떤 걸로 하시겠어요?
eo-tteon geol-lo ha-si-ge-seo-yo?

Eu quero ...
저는 ··· 할게요.
jeo-neun ... hal-ge-yo.

Eu sou vegetariano /vegetariana/.
저는 채식주의자예요.
jeo-neun chae-sik-ju-ui-ja-ye-yo.

carne
고기
go-gi

peixe
생선
saeng-seon

vegetais
채소
chae-so

Tem pratos vegetarianos?
채식 메뉴 있어요?
chae-sik me-nyu i-seo-yo?

Não como porco.
돼지고기 못 먹어요.
dwae-ji-go-gi mot meo-geo-yo.

Ele /ela/ não come porco.
그는 /그녀는/ 고기 못 드세요.
geu-neun /geu-nyeo-neun/ go-gi mot deu-se-yo.

Sou alérgico /alérgica/ a …

저 …에 알러지 있어요.
jeo …e al-leo-ji i-seo-yo.

Por favor, pode trazer-me …?

… 가져다 주시겠어요?
… ga-jyeo-da ju-si-ge-seo-yo?

sal | pimenta | açucar

소금 | 후추 | 설탕
so-geum | hu-chu | seol-tang

café | chá | sobremesa

커피 | 차 | 디저트
keo-pi | cha | di-jeo-teu

água | com gás | sem gás

물 | 탄산수 | 생수
mul | tan-san-su | saeng-su

uma colher | um garfo | uma faca

숟가락 | 포크 | 나이프
sut-ga-rak | po-keu | na-i-peu

um prato | um guardanapo

앞접시 | 휴지
ap-jeop-si | hyu-ji

Bom apetite!

맛있게 드세요!
man-nit-ge deu-se-yo!

Mais um, por favor.

하나 더 주세요.
ha-na deo ju-se-yo.

Estava delicioso.

아주 맛있었어요.
a-ju man-ni-seo-seo-yo.

conta | troco | gorjeta

계산서 | 거스름돈 | 팁
gye-san-seo | geo-seu-reum-don | tip

A conta, por favor.

계산서 주세요.
gye-san-seo ju-se-yo.

Posso pagar com cartão de crédito?

신용카드 돼요?
si-nyong-ka-deu dwae-yo?

Desculpe, mas tem um erro aqui.

죄송한데 여기
잘못됐어요.
joe-song-han-de yeo-gi
jal-mot-dwae-seo-yo.

Centro Comercial

Posso ajudá-lo /ajudá-la/?
도와드릴까요?
do-wa-deu-ril-kka-yo?

Tem ...?
··· 있으세요?
... i-seu-se-yo?

Estou à procura de ...
··· 찾고 있어요.
... chat-go i-seo-yo.

Preciso de ...
··· 필요해요.
... pi-ryo-hae-yo.

Estou só a ver.
그냥 구경중이에요.
geu-nyang gu-gyeong-jung-i-ye-yo.

Estamos só a ver.
우리 그냥 구경중이에요.
u-ri geu-nyang gu-gyeong-jung-i-ye-yo.

Volto mais tarde.
나중에 다시 올게요.
na-jung-e da-si ol-ge-yo.

Voltamos mais tarde.
우리 나중에 다시 올게요.
u-ri na-jung-e da-si ol-ge-yo.

descontos | saldos
할인 | 세일
ha-rin | se-il

Mostre-me, por favor ...
··· 보여주세요.
... bo-yeo-ju-se-yo.

Dê-me, por favor ...
··· 주세요.
... ju-se-yo.

Posso experimentar?
입어봐도 돼요?
i-beo-bwa-do dwae-yo?

Desculpe, onde fica a cabine de prova?
실례합니다, 피팅 룸 어디 있어요?
sil-lye-ham-ni-da, pi-ting num eo-di i-seo-yo?

Que cor prefere?
다른 색도 있어요?
da-reun saek-do i-seo-yo?

tamanho | cvomprimento
사이즈 | 길이
sa-i-jeu | gi-ri

Como lhe fica?
이거 저한테 맞아요?
i-geo jeo-han-te ma-ja-yo?

Quanto é que isto custa?
얼마에요?
eol-ma-ye-yo?

É muito caro.
너무 비싸요.
neo-mu bi-ssa-yo.

Eu fico com ele.
그걸로 할게요.
geu-geol-lo hal-ge-yo.

Desculpe, onde fica a caixa?

실례합니다, 계산 어디서
해요?
sil-lye-ham-ni-da, gye-san eo-di-seo
hae-yo?

Vai pagar a dinheiro ou com cartão
de crédito?

현금으로 하시겠어요
카드로 하시겠어요?
hyeon-geu-meu-ro ha-si-ge-seo-yo
ka-deu-ro ha-si-ge-seo-yo?

A dinheiro | com cartão de crédito

현금으로요 | 카드로요
hyeon-geu-meu-ro-yo | ka-deu-ro-yo

Pretende fatura?

영수증 드릴까요?
yeong-su-jeung deu-ril-kka-yo?

Sim, por favor.

네, 주세요.
ne, ju-se-yo.

Não. Está bem!

아니오, 괜찮아요.
a-ni-o, gwaen-cha-na-yo.

Obrigado /Obrigada/.
Tenha um bom dia!

감사합니다. 즐거운 하루
되세요!
gam-sa-ham-ni-da. jeul-geo-un ha-ru
doe-se-yo!

Na cidade

Desculpe, por favor ...	실례합니다, 저기요. sil-lye-ham-ni-da, jeo-gi-yo.
Estou à procura ...	··· 찾고 있어요. ... chat-go i-seo-yo.
do metro	지하철 ji-ha-cheol
do meu hotel	제 호텔 je ho-tel
do cinema	영화관 yeong-hwa-gwan
da praça de táxis	택시 정류장 taek-si jeong-nyu-jang

do multibanco	현금인출기 hyeon-geum-in-chul-gi
de uma casa de câmbio	환전소 hwan-jeon-so
de um café internet	피씨방 pi-ssi-bang
da rua ...	···로 ...ro
deste lugar	여기 yeo-gi

Sabe dizer-me onde fica ...?	··· 어디인지 아세요? ... eo-di-in-ji a-se-yo?
Como se chama esta rua?	여기가 어디예요? yeo-gi-ga eo-di-ye-yo?
Mostre-me onde estamos de momento.	지금 우리가 있는 곳을 보여주세요. ji-geum u-ri-ga in-neun gos-eul bo-yeo-ju-se-yo.
Posso ir até lá a pé?	걸어갈 수 있어요? geo-reo-gal su i-seo-yo?
Tem algum mapa da cidade?	시내 지도 있어요? si-nae ji-do i-seo-yo?

Quanto custa a entrada?	입장권 얼마예요? ip-jang-gwon eol-ma-ye-yo?
Pode-se fotografar aqui?	사진 찍어도 돼요? sa-jin jji-geo-do dwae-yo?
Estão abertos?	열었어요? yeo-reo-seo-yo?

A que horas abrem?

언제 열어요?
eon-je yeo-reo-yo?

A que horas fecham?

언제 닫아요?
eon-je da-da-yo?

Dinheiro

dinheiro

돈
don

a dinheiro

현금
hyeon-geum

dinheiro de papel

지폐
ji-pye

troco

동전
dong-jeon

conta | troco | gorjeta

계산서 | 거스름돈 | 팁
gye-san-seo | geo-seu-reum-don | tip

cartão de crédito

카드
ka-deu

carteira

지갑
ji-gap

comprar

사다
sa-da

pagar

내다
nae-da

multa

벌금
beol-geum

gratuito

무료
mu-ryo

Onde é que posso comprar ...?

··· 어디서 살 수 있어요?
... eo-di-seo sal su i-seo-yo?

O banco está aberto agora?

은행 지금 열었어요?
eun-haeng ji-geum myeo-reo-seo-yo?

Quando abre?

언제 열어요?
eon-je yeo-reo-yo?

Quando fecha?

언제 닫아요?
eon-je da-da-yo?

Quanto?

얼마예요?
eol-ma-ye-yo?

Quanto custa isto?

이건 얼마예요?
i-geon eol-ma-ye-yo?

É muito caro.

너무 비싸요.
neo-mu bi-ssa-yo.

Desculpe, onde fica a caixa?

실례합니다, 계산 어디서
해요?
sil-lye-ham-ni-da, gye-san eo-di-seo
hae-yo?

A conta, por favor.

계산서 주세요.
gye-san-seo ju-se-yo.

Posso pagar com cartão de crédito?

신용카드 돼요?
si-nyong-ka-deu dwae-yo?

Há algum Multibanco aqui?

여기 현금인출기 있어요?
yeo-gi hyeon-geum-in-chul-gi i-seo-yo?

Estou à procura de um Multibanco.

현금 인출기를 찾고 있어요.
hyeon-geum in-chul-gi-reul chat-go i-seo-yo.

Estou à procura de uma casa de câmbio.

환전소 찾고 있어요.
hwan-jeon-so chat-go i-seo-yo.

Eu gostaria de trocar ...

··· 환전하고 싶어요.
... hwan-jeon-ha-go si-peo-yo.

Qual a taxa de câmbio?

환율 얼마예요?
hwa-nyul reol-ma-ye-yo?

Precisa do meu passaporte?

여권 필요해요?
yeo-gwon pi-ryo-hae-yo?

Tempo

Que horas são?	지금 몇 시예요? ji-geum myeot si-ye-yo?
Quando?	언제요? eon-je-yo?

A que horas?	몇 시예요? myeot si-e-yo?
agora | mais tarde | depois …	지금 | 나중에 | … 이후에 ji-geum | na-jung-e | … i-hu-e

uma em ponto	한 시 han si
uma e quinze	한 시 십오 분 han si si-bo bun
uma e trinta	한 시 삼십 분 han si sam-sip bun
uma e quarenta e cinco	한 시 사십오 분 han si sa-si-bo bun

um | dois | três	한 | 두 | 세 han | du | se
quatro | cinco | seis	네 | 다섯 | 여섯 ne | da-seot | yeo-seot
set | oito | nove	일곱 | 여덟 | 아홉 il-gop | yeo-deol | a-hop
dez | onze | doze	열 | 열한 | 열두 yeol | yeol-han | yeol-du

dentro de …	… 안에 … an-e
5 minutos	오분 o-bun
10 minutos	십분 sip-bun
15 minutos	십오분 si-bo bun
20 minutos	이십분 i-sip-bun

meia hora	삼십분 sam-sip bun
uma hora	한 시간 han si-gan

de manhã	아침에
	a-chim-e
de manhã cedo	아침 일찍
	a-chim il-jjik
esta manhã	오늘 아침
	o-neul ra-chim
amanhã de manhã	내일 아침
	nae-il ra-chim

ao meio-dia	한낮에
	han-na-je
à tarde	오후에
	o-hu-e
à noite (das 18h às 24h)	저녁에
	jeo-nyeo-ge
esta noite	오늘밤
	o-neul-bam

à noite (da 0h às 6h)	밤에
	bam-e
ontem	어제
	eo-je
hoje	오늘
	o-neul
amanhã	내일
	nae-il
depois de amanhã	모레
	mo-re

Que dia é hoje?	오늘이 무슨 요일이예요?
	o-neu-ri mu-seun nyo-i-ri-ye-yo?
Hoje é ...	··· 예요.
	... ye-yo.
segunda-feira	월요일
	wo-ryo-il
terça-feira	화요일
	hwa-yo-il
quarta-feira	수요일
	su-yo-il

quinta-feira	목요일
	mo-gyo-il
sexta-feira	금요일
	geu-myo-il
sábado	토요일
	to-yo-il
domingo	일요일
	i-ryo-il

Saudações. Apresentações

Olá!
안녕하세요.
an-nyeong-ha-se-yo.

Prazer em conhecê-lo /conhecê-la/.
만나서 기쁩니다.
man-na-seo gi-ppeum-ni-da.

O prazer é todo meu.
저도요.
jeo-do-yo.

Apresento-lhe ...
··· 소개합니다.
... so-gae-ham-ni-da.

Muito prazer.
만나서 반갑습니다.
man-na-seo ban-gap-seum-ni-da.

Como está?
잘 지내셨어요?
jal ji-nae-syeo-seo-yo?

Chamo-me ...
제 이름은 ··· 입니다.
je i-reu-meun ... im-ni-da.

Ele chama-se ...
그의 이름은 ··· 예요.
geu-ui i-reu-meun ... ye-yo.

Ela chama-se ...
그녀의 이름은 ··· 예요.
geu-nyeo-ui i-reu-meun ... ye-yo.

Como é que o senhor /a senhora/ se chama?
성함이 어떻게 되세요?
seong-ham-i eo-tteo-ke doe-se-yo?

Como é que ela se chama?
그분 성함이 뭐예요?
geu-bun seong-ham-i mwo-ye-yo?

Como é que ela se chama?
그분 성함이 뭐예요?
geu-bun seong-ham-i mwo-ye-yo?

Qual o seu apelido?
성이 어떻게 되세요?
seong-i eo-tteo-ke doe-se-yo?

Pode chamar-me ...
··· 라고 불러 주세요.
... ra-go bul-leo ju-se-yo.

De onde é?
어디서 오셨어요?
eo-di-seo o-syeo-seo-yo?

Sou de ...
··· 에서 왔어요.
... e-seo wa-seo-yo.

O que faz na vida?
무슨 일 하세요?
mu-seun il ha-se-yo?

Quem é este?
이 분은 누구세요?
i bu-neun nu-gu-se-yo?

Quem é ele?
그 분은 누구세요?
geu bu-neun nu-gu-se-yo?

Quem é ela?
그 분은 누구세요?
geu bu-neun nu-gu-se-yo?

Quem são eles?
그 분들은 누구세요?
geu bun-deu-reun nu-gu-se-yo?

Este é ...	이 쪽은 ... 예요. i jjo-geun ... ye-yo.
o meu amigo	제 친구 je chin-gu
a minha amiga	제 친구 je chin-gu
o meu marido	제 남편 je nam-pyeon
a minha mulher	제 아내 je a-nae
o meu pai	제 아버지 je a-beo-ji
a minha mãe	제 어머니 je eo-meo-ni
o meu filho	제 아들 je a-deul
a minha filha	제 딸 je ttal
Este é o nosso filho.	이 쪽은 우리 아들이예요. i jjo-geun u-ri a-deu-ri-ye-yo.
Este é a nossa filha.	이 쪽은 우리 딸이예요. i jjo-geun u-ri tta-ri-ye-yo.
Estes são os meus filhos.	이 쪽은 제 아이들이예요. i jjo-geun je a-i-deu-ri-ye-yo.
Estes são os nossos filhos.	이 쪽은 우리 아이들이예요. i jjo-geun u-ri a-i-deu-ri-ye-yo.

Despedidas

Adeus!	안녕히 계세요! an-nyeong-hi gye-se-yo!
Tchau!	안녕! an-nyeong!
Até amanhã.	내일 만나요. nae-il man-na-yo.
Até breve.	곧 만나요. got man-na-yo.
Até às sete.	일곱 시에 만나요. il-gop si-e man-na-yo.
Diverte-te!	재밌게 놀아! jae-mit-ge no-ra!
Falamos mais tarde.	나중에 봐. na-jung-e bwa.
Bom fim de semana.	주말 잘 보내. ju-mal jal bo-nae.
Boa noite.	안녕히 주무세요. an-nyeong-hi ju-mu-se-yo.
Está na hora.	갈 시간이예요. gal si-gan-i-ye-yo.
Preciso de ir embora.	가야 해요. ga-ya hae-yo.
Volto já.	금방 다시 올게요. geum-bang da-si ol-ge-yo.
Já é tarde.	늦었어요. neu-jeo-seo-yo.
Tenho de me levantar cedo.	일찍 일어나야 해요. il-jjik gi-reo-na-ya hae-yo.
Vou-me embora amanhã.	내일 떠나요. nae-il tteo-na-yo.
Vamos embora amanhã.	우리는 내일 떠나요. u-ri-neun nae-il tteo-na-yo.
Boa viagem!	즐거운 여행 되세요! jeul-geo-un nyeo-haeng doe-se-yo!
Tive muito prazer em conhecer-vos.	만나서 반가웠어요. man-na-seo ban-ga-wo-seo-yo.
Foi muito agradável falar consigo.	이야기하느라 즐거웠어요. i-ya-gi-ha-neu-ra jeul-geo-wo-seo-yo.
Obrigado /Obrigada/ por tudo.	전부 다 감사합니다. jeon-bu da gam-sa-ham-ni-da.

Passei um tempo muito agradável.

아주 즐거웠어요.
a-ju jeul-geo-wo-seo-yo.

Passámos um tempo muito agradável.

우리는 아주 즐거웠어요.
u-ri-neun a-ju jeul-geo-wo-seo-yo.

Foi mesmo fantástico.

정말 멋졌어요.
jeong-mal meot-jyeo-seo-yo.

Vou ter saudades suas.

보고 싶을 거예요.
bo-go si-peul geo-ye-yo.

Vamos ter saudades suas.

우리는 당신이 보고 싶을
거예요.
u-ri-neun dang-sin-i bo-go si-peul
geo-ye-yo.

Boa sorte!

행운을 빌어!
haeng-u-neul bi-reo!

Dê cumprimentos a ...

··· 에게 안부 전해 주세요.
... e-ge an-bu jeon-hae ju-se-yo.

Língua estrangeira

Eu não entendo.	못 알아들었어요. mot a-ra-deu-reo-seo-yo.
Escreva isso, por favor.	적어 주세요. jeo-geo ju-se-yo.
O senhor /a senhora/ fala ...?	... 하실 수 있어요? ... ha-sil su i-seo-yo?

Eu falo um pouco de ...	저는 ... 조금 할 수 있어요. jeo-neun ... jo-geum hal su i-seo-yo.
Inglês	영어 yeong-eo

Turco	터키어 teo-ki-eo
Árabe	아랍어 a-ra-beo
Francês	프랑스어 peu-rang-seu-eo

Alemão	독일어 do-gi-reo
Italiano	이탈리아어 i-tal-li-a-eo
Espanhol	스페인어 seu-pe-in-eo

Português	포르투갈어 po-reu-tu-ga-reo
Chinês	중국어 jung-gu-geo
Japonês	일본어 il-bon-eo

Pode repetir isso, por favor.	다시 한 번 말해 주세요. da-si han beon mal-hae ju-se-yo.
Compreendo.	알아들었어요. a-ra-deu-reo-seo-yo.
Eu não entendo.	못 알아들었어요. mot a-ra-deu-reo-seo-yo.
Por favor fale mais devagar.	좀 더 천천히 말해 주세요. jom deo cheon-cheon-hi mal-hae ju-se-yo.

Isso está certo?	이거 맞아요? i-geo ma-ja-yo?
O que é isto? (O que significa?)	이게 뭐예요? i-ge mwo-ye-yo?

Desculpas

Desculpe-me, por favor.	실례합니다, 저기요. sil-lye-ham-ni-da, jeo-gi-yo.
Lamento.	죄송합니다. joe-song-ham-ni-da.
Tenho muita pena.	정말 죄송합니다. jeong-mal joe-song-ham-ni-da.
Desculpe, a culpa é minha.	죄송해요, 제 잘못이예요. joe-song-hae-yo, je jal-mo-si-ye-yo.
O erro foi meu.	제 실수예요. je sil-su-ye-yo.

Posso …?	…해도 되나요? … hae-do doe-na-yo?
O senhor /a senhora/ não se importa se eu …?	…해도 괜찮으세요? …hae-do gwaen-cha-neu-se-yo?
Não faz mal.	괜찮아요. gwaen-cha-na-yo.
Está tudo em ordem.	괜찮아요. gwaen-cha-na-yo.
Não se preocupe.	걱정하지 마세요. geok-jeong-ha-ji ma-se-yo.

Acordo

Sim.	네. ne.
Sim, claro.	네, 물론입니다. ne, mul-lon-im-ni-da.
Está bem!	좋아요. jo-a-yo.
Muito bem.	아주 좋아요. a-ju jo-a-yo.
Claro!	당연합니다! dang-yeon-ham-ni-da!
Concordo.	동의해요. dong-ui-hae-yo.

Certo.	정확해요. jeong-hwak-ae-yo.
Correto.	그게 맞아요. geu-ge ma-ja-yo.
Tem razão.	당신이 맞아요. dang-sin-i ma-ja-yo.
Eu não me oponho.	저는 신경 쓰지 않아요. jeo-neun sin-gyeong sseu-ji a-na-yo.
Absolutamente certo.	확실히 맞아요. hwak-sil-hi ma-ja-yo.

É possível.	가능해요. ga-neung-hae-yo.
É uma boa ideia.	좋은 생각이예요. jo-eun saeng-ga-gi-ye-yo.
Não posso recusar.	아니라고 할 수 없어요. a-ni-ra-go hal su eop-seo-yo.
Terei muito gosto.	기쁘게 할게요. gi-ppeu-ge hal-ge-yo.
Com prazer.	기꺼이요. gi-kkeo-i-yo.

Recusa. Expressão de dúvida

Não.
아니오.
a-ni-o.

Claro que não.
절대 아니예요.
jeol-dae a-ni-ye-yo.

Não concordo.
동의할 수 없어요.
dong-ui-hal su eop-seo-yo.

Não creio.
그렇게 생각 안 해요.
geu-reo-ke saeng-gak gan hae-yo.

Isso não é verdade.
그렇지 않아요.
geu-reo-chi a-na-yo.

O senhor /a senhora/ não tem razão.
틀렸어요.
teul-lyeo-seo-yo.

Acho que o senhor /a senhora/ não tem razão.
틀리신 거 같아요.
teul-li-sin geo ga-ta-yo.

Não tenho a certeza.
잘 모르겠어요.
jal mo-reu-ge-seo-yo.

É impossível.
불가능해요.
bul-ga-neung-hae-yo.

De modo algum!
그럴 리가요!
geu-reol li-ga-yo!

Exatamente o contrário.
정 반대예요.
jeong ban-dae-ye-yo.

Sou contra.
저는 반대예요.
jeo-neun ban-dae-ye-yo.

Não me importo.
저는 신경 안 써요.
jeo-neun sin-gyeong an sseo-yo.

Não faço ideia.
모르겠어요.
mo-reu-ge-seo-yo.

Não creio.
그건 아닌 것 같아요.
geu-geon a-nin geot ga-ta-yo.

Desculpe, mas não posso.
죄송합니다. 못 해요.
joe-song-ham-ni-da. mot tae-yo.

Desculpe, mas não quero.
죄송합니다. 하기 싫어요.
joe-song-ham-ni-da. ha-gi si-reo-yo.

Desculpe, não quero isso.
감사합니다, 하지만 필요 없어요.
gam-sa-ham-ni-da, ha-ji-man pi-ryo eop-seo-yo.

Já é muito tarde.
좀 늦었네요.
jom neu-jeon-ne-yo.

Tenho de me levantar cedo.

일찍 일어나야 해요.
il-jjik gi-reo-na-ya hae-yo.

Não me sinto bem.

몸이 안 좋아요.
mom-i an jo-a-yo.

Expressão de gratidão

Obrigado /Obrigada/.	감사합니다. gam-sa-ham-ni-da.
Muito obrigado /obrigada/.	대단히 감사합니다. dae-dan-hi gam-sa-ham-ni-da.
Fico muito grato /grata/.	정말로 감사히 생각해요. jeong-mal-lo gam-sa-hi saeng-gak-ae-yo.
Estou-lhe muito reconhecido.	당신에게 정말로 감사해요. dang-sin-e-ge jeong-mal-lo gam-sa-hae-yo.
Estamos-lhe muito reconhecidos.	저희는 당신에게 정말로 감사해요. jeo-hui-neun dang-sin-e-ge jeong-mal-lo gam-sa-hae-yo.
Obrigado /Obrigada/ pelo seu tempo.	시간 내 주셔서 감사합니다. si-gan nae ju-syeo-seo gam-sa-ham-ni-da.
Obrigado /Obrigada/ por tudo.	전부 다 감사합니다. jeon-bu da gam-sa-ham-ni-da.
Obrigado /Obrigada/ ...	⋯에 대해 감사합니다. ...e dae-hae gam-sa-ham-ni-da.
... pela sua ajuda	도움 do-um
... por este tempo bem passado	즐거운 시간 jeul-geo-un si-gan
... pela comida deliciosa	훌륭한 식사 hul-lyung-han sik-sa
... por esta noite agradável	만족스러운 저녁 man-jok-seu-reo-un jeo-nyeok
... pelo dia maravilhoso	훌륭한 하루 hul-lyung-han ha-ru
... pela jornada fantástica	근사한 여행 geun-sa-han nyeo-haeng
Não tem de quê.	별 말씀을요. byeol mal-sseu-meu-ryo.
Não precisa agradecer.	천만에요. cheon-man-e-yo.

Disponha sempre.

언제든지요.
eon-je-deun-ji-yo.

Foi um prazer ajudar.

제가 즐거웠어요.
je-ga jeul-geo-wo-seo-yo.

Esqueça isso.

됐어요.
dwae-seo-yo.

Não se preocupe.

걱정하지 마세요.
geok-jeong-ha-ji ma-se-yo.

Parabéns. Cumprimentos

Parabéns!
축하합니다!
chuk-a-ham-ni-da!

Feliz aniversário!
생일 축하합니다!
saeng-il chuk-a-ham-ni-da!

Feliz Natal!
메리 크리스마스!
me-ri keu-ri-seu-ma-seu!

Feliz Ano Novo!
새해 복 많이 받으세요!
sae-hae bok ma-ni ba-deu-se-yo!

Feliz Páscoa!
즐거운 부활절 되세요!
jeul-geo-un bu-hwal-jeol doe-se-yo!

Feliz Hanukkah!
즐거운 하누카 되세요!
jeul-geo-un ha-nu-ka doe-se-yo!

Gostaria de fazer um brinde.
건배해요.
geon-bae-hae-yo.

Saúde!
건배!
geon-bae!

Bebamos a ...!
… 위하여!
... wi-ha-yeo!

Ao nosso sucesso!
성공을 위하여!
seong-gong-eul rwi-ha-yeo!

Ao vosso sucesso!
성공을 위하여!
seong-gong-eul rwi-ha-yeo!

Boa sorte!
행운을 빌어!
haeng-u-neul bi-reo!

Tenha um bom dia!
좋은 하루 되세요!
jo-eun ha-ru doe-se-yo!

Tenha um bom feriado!
좋은 휴일 되세요!
jo-eun hyu-il doe-se-yo!

Tenha uma viagem segura!
안전한 여행 되세요!
an-jeon-han nyeo-haeng doe-se-yo!

Espero que melhore em breve!
빨리 나으세요!
ppal-li na-eu-se-yo!

Socializando

Porque é que está chateado /chateada/?	왜 슬퍼하세요? wae seul-peo-ha-se-yo?
Sorria!	웃으세요! 기운 내세요! us-eu-se-yo! gi-un nae-se-yo!
Está livre esta noite?	오늘 밤에 시간 있으세요? o-neul bam-e si-gan i-seu-se-yo?
Posso oferecer-lhe algo para beber?	제가 한 잔 살까요? je-ga han jan sal-kka-yo?
Você quer dançar?	춤 추실래요? chum chu-sil-lae-yo?
Vamos ao cinema.	영화 보러 갑시다. yeong-hwa bo-reo gap-si-da.
Gostaria de a convidar para ir ...	···에 초대해도 될까요? ...e cho-dae-hae-do doel-kka-yo?
ao restaurante	음식점 eum-sik-jeom
ao cinema	영화관 yeong-hwa-gwan
ao teatro	극장 geuk-jang
passear	산책 san-chaek
A que horas?	몇 시예요? myeot si-e-yo?
hoje à noite	오늘밤 o-neul-bam
às 6 horas	여섯 시 yeo-seot si
às 7 horas	일곱 시 il-gop si
às 8 horas	여덟 시 yeo-deol si
às 9 horas	아홉 시 a-hop si
Gosta deste local?	여기가 마음에 드세요? yeo-gi-ga ma-eum-e deu-se-yo?
Está com alguém?	누구랑 같이 왔어요? nu-gu-rang ga-chi wa-seo-yo?
Estou com o meu amigo.	친구랑 같이 왔어요. chin-gu-rang ga-chi wa-seo-yo.

Estou com os meus amigos.

친구들이랑 같이 왔어요.
chin-gu-deu-ri-rang ga-chi wa-seo-yo.

Não, estou sozinho /sozinha/.

아니오, 혼자 왔어요.
a-ni-o, hon-ja wa-seo-yo.

Tens namorado?

남자친구 있어?
nam-ja-chin-gu i-seo?

Tenho namorado.

남자친구 있어.
nam-ja-chin-gu i-seo.

Tens namorada?

여자친구 있어?
yeo-ja-chin-gu i-seo?

Tenho namorada.

여자친구 있어.
yeo-ja-chin-gu i-seo.

Posso voltar a vêr-te?

다시 만날래?
da-si man-nal-lae?

Posso ligar-te?

전화해도 돼?
jeon-hwa-hae-do dwae?

Liga-me.

전화해 줘.
jeon-hwa-hae jwo.

Qual é o teu número?

전화번호가 뭐야?
jeon-hwa-beon-ho-ga mwo-ya?

Tenho saudades tuas.

보고싶어.
bo-go-si-peo.

Tem um nome muito bonito.

이름이 아름다우시네요.
i-reum-i a-reum-da-u-si-ne-yo.

Amo-te.

사랑해.
sa-rang-hae.

Quer casar comigo?

결혼해 줄래?
gyeol-hon-hae jul-lae?

Você está a brincar!

장난치지 마세요!
jang-nan-chi-ji ma-se-yo!

Estou só a brincar.

장난이었어요.
jang-nan-i-eo-seo-yo.

Está a falar a sério?

진심이세요?
jin-sim-i-se-yo?

Estou a falar a sério.

진심이에요.
jin-sim-i-ye-yo.

De verdade?!

정말로요?!
jeong-mal-lo-yo?!

Incrível!

믿을 수 없어요!
mi-deul su eop-seo-yo!

Não acredito.

당신을 믿지 않아요.
dang-si-neul mit-ji a-na-yo.

Não posso.

그럴 수 없어요.
geu-reol su eop-seo-yo.

Não sei.

모르겠어요.
mo-reu-ge-seo-yo.

Não entendo o que está a dizer.

무슨 말인지 모르겠어요.
mu-seun ma-rin-ji mo-reu-ge-seo-yo.

Saia, por favor.

저리 가세요.
jeo-ri ga-se-yo.

Deixe-me em paz!

혼자 있고 싶어요!
hon-ja it-go si-peo-yo!

Eu não o suporto.

그를 견딜 수 없어요.
geu-reul gyeon-dil su eop-seo-yo.

Você é detestável!

당신 역겨워요!
dang-sin nyeok-gyeo-wo-yo!

Vou chamar a polícia!

경찰을 부를 거예요!
gyeong-cha-reul bu-reul geo-ye-yo!

Partilha de impressões. Emoções

Gosto disto. 마음에 들어요.
ma-eum-e deu-reo-yo.

É muito simpático. 아주 좋아요.
a-ju jo-a-yo.

Fixe! 멋져요!
meot-jyeo-yo!

Não é mau. 나쁘지 않아요.
na-ppeu-ji a-na-yo.

Não gosto disto. 마음에 들지 않아요.
ma-eum-e deul-ji a-na-yo.

Isso não está certo. 좋지 않아요.
jo-chi a-na-yo.

Isso é mau. 나빠요.
na-ppa-yo.

Isso é muito mau. 아주 나빠요.
a-ju na-ppa-yo.

Isso é asqueroso. 역겨워요.
yeok-gyeo-wo-yo.

Estou feliz. 저는 행복해요.
jeo-neun haeng-bok-ae-yo.

Estou contente. 저는 만족해요.
jeo-neun man-jok-ae-yo.

Estou apaixonado /apaixonada/. 저는 사랑에 빠졌어요.
jeo-neun sa-rang-e ppa-jyeo-seo-yo.

Estou calmo /calma/. 저는 침착해요.
jeo-neun chim-chak-ae-yo.

Estou aborrecido /aborrecida/. 저는 지루해요.
jeo-neun ji-ru-hae-yo.

Estou cansado /cansada/. 저는 지쳤어요.
jeo-neun ji-chyeo-seo-yo.

Estou triste. 저는 슬퍼요.
jeo-neun seul-peo-yo.

Estou apavorado /apavorada/. 저는 무서워요.
jeo-neun mu-seo-wo-yo.

Estou zangado /zangada/. 저는 화났어요.
jeo-neun hwa-na-seo-yo.

Estou preocupado /preocupada/. 저는 걱정이 돼요.
jeo-neun geok-jeong-i dwae-yo.

Estou nervoso /nervosa/. 저는 긴장이 돼요.
jeo-neun gin-jang-i dwae-yo.

Estou ciumento /ciumenta/.

저는 부러워요.
jeo-neun bu-reo-wo-yo.

Estou surpreendido /surpreendida/.

놀랐어요.
nol-la-seo-yo.

Estou perplexo /perplexa/.

당황했어요.
dang-hwang-hae-seo-yo.

Problemas. Acidentes

Tenho um problema.	문제가 있어요. mun-je-ga i-seo-yo.
Temos um problema.	우리는 문제가 있어요. u-ri-neun mun-je-ga i-seo-yo.
Estou perdido.	길을 잃었어요. gi-reul ri-reo-seo-yo.
Perdi o último autocarro.	마지막 버스 (기차)를 놓쳤어요. ma-ji-mak beo-seu (gi-cha)reul lo-chyeo-seo-yo.
Não me resta nenhum dinheiro.	돈이 다 떨어졌어요. don-i da tteo-reo-jyeo-seo-yo.
Eu perdi …	… 잃어버렸어요. … i-reo-beo-ryeo-seo-yo.
Roubaram-me …	제 … 누가 훔쳐갔어요. je … nu-ga hum-chyeo-ga-seo-yo.
o meu passaporte	여권 yeo-gwon
a minha carteira	지갑 ji-gap
os meus papéis	서류 seo-ryu
o meu bilhete	표 pyo
o dinheiro	돈 don
a minha mala	핸드백 haen-deu-baek
a minha camara	카메라 ka-me-ra
o meu computador	노트북 no-teu-buk
o meu tablet	타블렛피씨 ta-beul-let-pi-ssi
o meu telemóvel	핸드폰 haen-deu-pon
Ajude-me!	도와주세요! do-wa-ju-se-yo!
O que é que aconteceu?	무슨 일이 있었어요? mu-seun i-ri i-seo-seo-yo?
fogo	화재 hwa-jae

tiroteio	총격 chong-gyeok
assassínio	살인 sa-rin
explosão	폭발 pok-bal
briga	폭행 pok-aeng

Chame a polícia!	경찰을 불러 주세요! gyeong-cha-reul bul-leo ju-se-yo!
Mais depressa, por favor!	제발 서둘러요! je-bal seo-dul-leo-yo!
Estou à procura de uma esquadra de polícia.	경찰서를 찾고 있어요. gyeong-chal-seo-reul chat-go i-seo-yo.
Preciso de telefonar.	전화를 걸어야 해요. jeon-hwa-reul geo-reo-ya hae-yo.
Posso telefonar?	전화를 빌려주실 수 있어요? jeon-hwa-reul bil-lyeo-ju-sil su i-seo-yo?

Fui ...	저는 … 당했어요. jeo-neun … dang-hae-seo-yo.
assaltado /assaltada/	강도 gang-do
roubado /roubada/	도둑질 do-duk-jil
violada	강간 gang-gan
atacado /atacada/	폭행 pok-aeng

Está tudo bem consigo?	괜찮으세요? gwaen-cha-neu-se-yo?
Viu quem foi?	누구였는지 보셨어요? nu-gu-yeon-neun-ji bo-syeo-seo-yo?
Seria capaz de reconhecer a pessoa?	그 사람을 알아볼 수 있겠어요? geu sa-ra-meul ra-ra-bol su it-ge-seo-yo?
Tem a certeza?	확실해요? hwak-sil-hae-yo?

Acalme-se, por favor.	제발 진정해요. je-bal jin-jeong-hae-yo.
Calma!	마음을 가라앉히세요! ma-eu-meul ga-ra-an-chi-se-yo!
Não se preocupe.	걱정하지 마세요! geok-jeong-ha-ji ma-se-yo!
Vai ficar tudo bem.	다 잘 될 거예요. da jal doel geo-ye-yo.
Está tudo em ordem.	다 괜찮아요. da gwaen-cha-na-yo.

Chegue aqui, por favor.

이 쪽으로 오세요.
i jjo-geu-ro o-se-yo.

Tenho algumas questões a colocar-lhe.

질문이 있습니다.
jil-mun-i it-seum-ni-da.

Aguarde um momento, por favor.

잠시 기다려 주세요.
jam-si gi-da-ryeo ju-se-yo.

Tem alguma identificação?

신분증 있습니까?
sin-bun-jeung it-seum-ni-kka?

Obrigado. Pode ir.

감사합니다. 이제 가셔도
됩니다.
gam-sa-ham-ni-da. i-je ga-syeo-do
doem-ni-da.

Mãos atrás da cabeça!

손 머리 위로 들어!
son meo-ri wi-ro deu-reo!

Você está preso!

체포한다!
che-po-han-da!

Problemas de saúde

Ajude-me, por favor.

도와주세요.
do-wa-ju-se-yo.

Não me sinto bem.

몸이 안 좋아요.
mom-i an jo-a-yo.

O meu marido não se sente bem.

제 남편이 몸이 안 좋아요.
je nam-pyeon-i mom-i an jo-a-yo.

O meu filho ...

제 아들이 …
je a-deu-ri …

O meu pai ...

제 아버지가 …
je a-beo-ji-ga …

A minha mulher não se sente bem.

제 아내가 몸이 안 좋아요.
je a-nae-ga mom-i an jo-a-yo.

A minha filha ...

제 딸이 …
je tta-ri …

A minha mãe ...

제 어머니가 …
je eo-meo-ni-ga …

Tenho uma ...

…이 있어요.
…i i-seo-yo.

dor de cabeça

두통
du-tong

dor de garganta

인후통
in-hu-tong

dor de barriga

복통
bok-tong

dor de dentes

치통
chi-tong

Estou com tonturas.

어지러워요.
eo-ji-reo-wo-yo.

Ele está com febre.

그는 열이 있어요.
geu-neun nyeo-ri i-seo-yo.

Ela está com febre.

그녀는 열이 있어요.
geu-nyeo-neun nyeo-ri i-seo-yo.

Não consigo respirar.

숨을 못 쉬겠어요.
su-meul mot swi-ge-seo-yo.

Estou a sufocar.

숨이 차요.
sum-i cha-yo.

Sou asmático /asmática/.

저는 천식이 있어요.
jeo-neun cheon-si-gi i-seo-yo.

Sou diabético /diabética/.

저는 당뇨가 있어요.
jeo-neun dang-nyo-ga i-seo-yo.

Estou com insónia.	저는 잠을 못 자요. jeo-neun ja-meul mot ja-yo.
intoxicação alimentar	식중독 sik-jung-dok

Dói aqui.	여기가 아파요. yeo-gi-ga a-pa-yo.
Ajude-me!	도와주세요! do-wa-ju-se-yo!
Estou aqui!	여기 있어요! yeo-gi i-seo-yo!
Estamos aqui!	우리 여기 있어요! u-ri yeo-gi i-seo-yo!
Tirem-me daqui!	꺼내주세요! kkeo-nae-ju-se-yo!
Preciso de um médico.	의사가 필요해요. ui-sa-ga pi-ryo-hae-yo.
Não me consigo mexer.	못 움직이겠어요. mot um-ji-gi-ge-seo-yo.
Não consigo mover as pernas.	다리를 못 움직이겠어요. da-ri-reul mot um-ji-gi-ge-seo-yo.

Estou ferido.	다쳤어요. da-chyeo-seo-yo.
É grave?	심각한가요? sim-gak-an-ga-yo?
Tenho os documentos no bolso.	주머니에 제 서류가 있어요. ju-meo-ni-e je seo-ryu-ga i-seo-yo.
Acalme-se!	진정해요! jin-jeong-hae-yo!
Posso telefonar?	전화를 빌려주실 수 있어요? jeon-hwa-reul bil-lyeo-ju-sil su i-seo-yo?

Chame uma ambulância!	구급차를 불러 주세요! gu-geup-cha-reul bul-leo ju-se-yo!
É urgente!	급해요! geu-pae-yo!
É uma emergência!	긴급 상황이에요! gin-geup sang-hwang-i-e-yo!
Mais depressa, por favor!	제발 서둘러요! je-bal seo-dul-leo-yo!
Chame o médico, por favor.	의사를 불러주시겠어요? ui-sa-reul bul-leo-ju-si-ge-seo-yo?
Onde fica o hospital?	병원은 어디 있어요? byeong-wo-neun eo-di i-seo-yo?

Como se sente?	기분이 어떠세요? gi-bun-i eo-tteo-se-yo?
Está tudo bem consigo?	괜찮으세요? gwaen-cha-neu-se-yo?
O que é que aconteceu?	무슨 일이 있었어요? mu-seun i-ri i-seo-seo-yo?

Já me sinto melhor.

이제 나아졌어요.
i-je na-a-jyeo-seo-yo.

Está tudo em ordem.

괜찮아요.
gwaen-cha-na-yo.

Tubo bem.

괜찮아요.
gwaen-cha-na-yo.

Na farmácia

farmácia	약국 yak-guk
farmácia de serviço	24시간 약국 i-sip-sa-si-gan nyak-guk
Onde fica a farmácia mais próxima?	가장 가까운 약국이 어디예요? ga-jang ga-kka-un nyak-gu-gi eo-di-ye-yo?
Está aberto agora?	지금 열었어요? ji-geum myeo-reo-seo-yo?
A que horas abre?	몇 시에 열어요? myeot si-e yeo-reo-yo?
A que horas fecha?	몇 시에 닫아요? myeot si-e da-da-yo?
Fica longe?	멀어요? meo-reo-yo?
Posso ir até lá a pé?	걸어갈 수 있어요? geo-reo-gal su i-seo-yo?
Pode-me mostrar no mapa?	지도에서 보여주실 수 있어요? ji-do-e-seo bo-yeo-ju-sil su i-seo-yo?
Por favor dê-me algo para ...	…에 듣는 약 주세요. ...e deun-neun nyak ju-se-yo.
as dores de cabeça	두통 du-tong
a tosse	기침 gi-chim
o resfriado	감기 gam-gi
a gripe	독감 dok-gam
a febre	열 yeol
uma dor de estômago	복통 bok-tong
as náuseas	구토 gu-to
a diarreia	설사 seol-sa
a constipação	변비 byeon-bi

as dores nas costas

등 통증
deung tong-jeung

as dores no peito

가슴 통증
ga-seum tong-jeung

a sutura

옆구리 당김
yeop-gu-ri dang-gim

as dores abdominais

배 통증
bae tong-jeung

comprimido

알약
a-ryak

unguento, creme

연고
yeon-go

charope

물약
mul-lyak

spray

스프레이
seu-peu-re-i

dropes

안약
a-nyak

Você precisa de ir ao hospital.

병원에 가셔야 해요.
byeong-won-e ga-syeo-ya hae-yo.

seguro de saúde

건강보험
geon-gang-bo-heom

prescrição

처방전
cheo-bang-jeon

repelente de insetos

방충제
bang-chung-je

penso rápido

밴드에이드
baen-deu-e-i-deu

O mínimo

Desculpe, ...	실례합니다, ··· sil-lye-ham-ni-da, ...
Olá!	안녕하세요. an-nyeong-ha-se-yo.
Obrigado /Obrigada/.	감사합니다. gam-sa-ham-ni-da.
Adeus.	안녕히 계세요. an-nyeong-hi gye-se-yo.
Sim.	네. ne.
Não.	아니오. a-ni-o.
Não sei.	모르겠어요. mo-reu-ge-seo-yo.
Onde? | Para onde? | Quando?	어디예요? | 어디까지 가세요? | 언제요? eo-di-ye-yo? | eo-di-kka-ji ga-se-yo? | eon-je-yo?

Preciso de ...	··· 필요해요. ... pi-ryo-hae-yo.
Eu queria ...	··· 싶어요. ... si-peo-yo.
Tem ...?	··· 있으세요? ... i-seu-se-yo?
Há aqui ...?	여기 ··· 있어요? yeo-gi ... i-seo-yo?
Posso ...?	···해도 되나요? ... hae-do doe-na-yo?
..., por favor	···, 부탁합니다. ..., bu-tak-am-ni-da.

Estou à procura de ...	··· 찾고 있어요. ... chat-go i-seo-yo.
casa de banho	화장실 hwa-jang-sil
Multibanco	현금인출기 hyeon-geum-in-chul-gi
farmácia	약국 yak-guk
hospital	병원 byeong-won
esquadra de polícia	경찰서 gyeong-chal-seo

metro	지하철 ji-ha-cheol
táxi	택시 taek-si
estação de comboio	기차역 gi-cha-yeok

Chamo-me ...	제 이름은 ⋯ 입니다. je i-reu-meun ... im-ni-da.
Como se chama?	성함이 어떻게 되세요? seong-ham-i eo-tteo-ke doe-se-yo?
Pode-me dar uma ajuda?	도와주세요. do-wa-ju-se-yo.
Tenho um problema.	문제가 있어요. mun-je-ga i-seo-yo.
Não me sinto bem.	몸이 안 좋아요. mom-i an jo-a-yo.
Chame a ambulância!	구급차를 불러 주세요! gu-geup-cha-reul bul-leo ju-se-yo!
Posso fazer uma chamada?	전화를 써도 되나요? jeon-hwa-reul sseo-do doe-na-yo?

Desculpe.	죄송합니다. joe-song-ham-ni-da.
De nada.	천만에요. cheon-man-e-yo.

eu	저 jeo
tu	너 neo
ele	그 geu
ela	그녀 geu-nyeo
eles	그들 geu-deul
elas	그들 geu-deul
nós	우리 u-ri
vocês	너희 neo-hui
você	당신 dang-sin

ENTRADA	입구 ip-gu
SAÍDA	출구 chul-gu
FORA DE SERVIÇO	고장 go-jang

FECHADO	닫힘 da-chim
ABERTO	열림 yeol-lim
PARA SENHORAS	여성용 yeo-seong-yong
PARA HOMENS	남성용 nam-seong-yong

DICIONÁRIO CONCISO

Esta secção contém mais
de 1.500 palavras úteis,
organizadas por ordem
alfabética. O dicionário inclui
muitos termos gastronômicos
e será útil quando pedir
comida num restaurante ou
comprar alimentos numa loja

T&P Books Publishing

CONTEÚDO DO DICIONÁRIO

T&P Books Publishing

tempo (m)	시간	si-gan
hora (f)	시	si
meia hora (f)	반시간	ban-si-gan
minuto (m)	분	bun
segundo (m)	초	cho
hoje	오늘	o-neul
amanhã	내일	nae-il
ontem	어제	eo-je
segunda-feira (f)	월요일	wo-ryo-il
terça-feira (f)	화요일	hwa-yo-il
quarta-feira (f)	수요일	su-yo-il
quinta-feira (f)	목요일	mo-gyo-il
sexta-feira (f)	금요일	geu-myo-il
sábado (m)	토요일	to-yo-il
domingo (m)	일요일	i-ryo-il
dia (m)	낮	nat
dia (m) de trabalho	근무일	geun-mu-il
feriado (m)	공휴일	gong-hyu-il
fim (m) de semana	주말	ju-mal
semana (f)	주	ju
na semana passada	지난 주에	ji-nan ju-e
na próxima semana	다음 주에	da-eum ju-e
nascer (m) do sol	일출	il-chul
pôr do sol (m)	저녁 노을	jeo-nyeok no-eul
de manhã	아침에	a-chim-e
à tarde	오후에	o-hu-e
à noite (noitinha)	저녁에	jeo-nyeo-ge
hoje à noite	오늘 저녁에	o-neul jeo-nyeo-ge
à noite	밤에	bam-e
meia-noite (f)	자정	ja-jeong
janeiro (m)	일월	i-rwol
fevereiro (m)	이월	i-wol
março (m)	삼월	sam-wol
abril (m)	사월	sa-wol
maio (m)	오월	o-wol
junho (m)	유월	yu-wol

julho (m)	칠월	chi-rwol
agosto (m)	팔월	pa-rwol
setembro (m)	구월	gu-wol
outubro (m)	시월	si-wol
novembro (m)	십일월	si-bi-rwol
dezembro (m)	십이월	si-bi-wol
na primavera	봄에	bom-e
no verão	여름에	yeo-reum-e
no outono	가을에	ga-eu-re
no inverno	겨울에	gyeo-u-re
mês (m)	월, 달	wol, dal
estação (f)	계절	gye-jeol
ano (m)	년	nyeon
século (m)	세기	se-gi

2. Números. Numeração

algarismo, dígito (m)	숫자	sut-ja
número (m)	숫자	sut-ja
menos (m)	마이너스	ma-i-neo-seu
mais (m)	플러스	peul-leo-seu
soma (f)	총합	chong-hap
primeiro	첫 번째의	cheot beon-jjae-ui
segundo	두 번째의	du beon-jjae-ui
terceiro	세 번째의	se beon-jjae-ui
zero	영	yeong
um	일	il
dois	이	i
três	삼	sam
quatro	사	sa
cinco	오	o
seis	육	yuk
sete	칠	chil
oito	팔	pal
nove	구	gu
dez	십	sip
onze	십일	si-bil
doze	십이	si-bi
treze	십삼	sip-sam
catorze	십사	sip-sa
quinze	십오	si-bo
dezasseis	십육	si-byuk
dezassete	십칠	sip-chil

dezoito	십팔	sip-pal
dezanove	십구	sip-gu
vinte	이십	i-sip
trinta	삼십	sam-sip
quarenta	사십	sa-sip
cinquenta	오십	o-sip
sessenta	육십	yuk-sip
setenta	칠십	chil-sip
oitenta	팔십	pal-sip
noventa	구십	gu-sip
cem	백	baek
duzentos	이백	i-baek
trezentos	삼백	sam-baek
quatrocentos	사백	sa-baek
quinhentos	오백	o-baek
seiscentos	육백	yuk-baek
setecentos	칠백	chil-baek
oitocentos	팔백	pal-baek
novecentos	구백	gu-baek
mil	천	cheon
dez mil	만	man
cem mil	십만	sim-man
um milhão	백만	baeng-man
mil milhões	십억	si-beok

3. Humanos. Família

homem (m)	남자	nam-ja
jovem (m)	젊은 분	jeol-meun bun
adolescente (m)	청소년	cheong-so-nyeon
mulher (f)	여자	yeo-ja
rapariga (f)	소녀, 아가씨	so-nyeo, a-ga-ssi
idade (f)	나이	na-i
adulto	어른	eo-reun
de meia-idade	중년의	jung-nyeo-nui
de certa idade	나이 든	na-i deun
idoso	늙은	neul-geun
velhote (m)	노인	no-in
velhota (f)	노인	no-in
reforma (f)	은퇴	eun-toe
reformar-se (vp)	은퇴하다	eun-toe-ha-da
reformado (m)	은퇴자	eun-toe-ja

mãe (f)	어머니	eo-meo-ni
pai (m)	아버지	a-beo-ji
filho (m)	아들	a-deul
filha (f)	딸	ttal
irmão (m)	형제	hyeong-je
irmã (f)	자매	ja-mae

pais (pl)	부모	bu-mo
criança (f)	아이, 아동	a-i, a-dong
crianças (f pl)	아이들	a-i-deul
madrasta (f)	계모	gye-mo
padrasto (m)	계부	gye-bu

avó (f)	할머니	hal-meo-ni
avô (m)	할아버지	ha-ra-beo-ji
neto (m)	손자	son-ja
neta (f)	손녀	son-nyeo
netos (pl)	손자들	son-ja-deul

tio (m)	삼촌	sam-chon
sobrinho (m)	조카	jo-ka
sobrinha (f)	조카딸	jo-ka-ttal

mulher (f)	아내	a-nae
marido (m)	남편	nam-pyeon
casado	결혼한	gyeol-hon-han
casada	결혼한	gyeol-hon-han
viúva (f)	과부	gwa-bu
viúvo (m)	홀아비	ho-ra-bi

| nome (m) | 이름 | i-reum |
| apelido (m) | 성 | seong |

parente (m)	친척	chin-cheok
amigo (m)	친구	chin-gu
amizade (f)	우정	u-jeong

parceiro (m)	파트너	pa-teu-neo
superior (m)	윗사람	wit-sa-ram
colega (m)	동료	dong-nyo
vizinhos (pl)	이웃들	i-ut-deul

4. Corpo humano

organismo (m)	생체	saeng-che
corpo (m)	몸	mom
coração (m)	심장	sim-jang
sangue (m)	피	pi
cérebro (m)	두뇌	du-noe
nervo (m)	신경	sin-gyeong

osso (m)	뼈	ppyeo
esqueleto (m)	뼈대	ppyeo-dae
coluna (f) vertebral	등뼈	deung-ppyeo
costela (f)	늑골	neuk-gol
crânio (m)	두개골	du-gae-gol
músculo (m)	근육	geu-nyuk
pulmões (m pl)	폐	pye
pele (f)	피부	pi-bu
cabeça (f)	머리	meo-ri
cara (f)	얼굴	eol-gul
nariz (m)	코	ko
testa (f)	이마	i-ma
bochecha (f)	빰, 볼	ppyam, bol
boca (f)	입	ip
língua (f)	혀	hyeo
dente (m)	이	i
lábios (m pl)	입술	ip-sul
queixo (m)	턱	teok
orelha (f)	귀	gwi
pescoço (m)	목	mok
garganta (f)	목구멍	mok-gu-meong
olho (m)	눈	nun
pupila (f)	눈동자	nun-dong-ja
sobrancelha (f)	눈썹	nun-sseop
pestana (f)	속눈썹	song-nun-sseop
cabelos (m pl)	머리털, 헤어	meo-ri-teol, he-eo
penteado (m)	머리 스타일	meo-ri seu-ta-il
bigode (m)	콧수염	kot-su-yeom
barba (f)	턱수염	teok-su-yeom
usar, ter (~ barba, etc.)	기르다	gi-reu-da
calvo	대머리인	dae-meo-ri-in
mão (f)	손	son
braço (m)	팔	pal
dedo (m)	손가락	son-ga-rak
unha (f)	손톱	son-top
palma (f) da mão	손바닥	son-ba-dak
ombro (m)	어깨	eo-kkae
perna (f)	다리	da-ri
pé (m)	발	bal
joelho (m)	무릎	mu-reup
talão (m)	발뒤꿈치	bal-dwi-kkum-chi
costas (f pl)	등	deung
cintura (f)	허리	heo-ri

sinal (m)	점	jeom
sinal (m) de nascença	모반	mo-ban

5. Medicina. Doenças. Drogas

saúde (f)	건강	geon-gang
são	건강한	geon-gang-han
doença (f)	병	byeong
estar doente	눕다	nup-da
doente	아픈	a-peun
constipação (f)	감기	gam-gi
constipar-se (vp)	감기에 걸리다	gam-gi-e geol-li-da
amigdalite (f)	편도염	pyeon-do-yeom
pneumonia (f)	폐렴	pye-ryeom
gripe (f)	독감	dok-gam
nariz (m) a escorrer	비염	bi-yeom
tosse (f)	기침	gi-chim
tossir (vi)	기침을 하다	gi-chi-meul ha-da
espirrar (vi)	재채기하다	jae-chae-gi-ha-da
AVC (m), apoplexia (f)	뇌졸증	noe-jol-jung
ataque (m) cardíaco	심장마비	sim-jang-ma-bi
alergia (f)	알레르기	al-le-reu-gi
asma (f)	천식	cheon-sik
diabetes (f)	당뇨병	dang-nyo-byeong
tumor (m)	종양	jong-yang
cancro (m)	암	am
alcoolismo (m)	알코올 중독	al-ko-ol jung-dok
SIDA (f)	에이즈	e-i-jeu
febre (f)	열병	yeol-byeong
enjoo (m)	뱃멀미	baen-meol-mi
nódoa (f) negra	멍	meong
galo (m)	혹	hok
coxear (vi)	절다	jeol-da
deslocação (f)	탈구	tal-gu
deslocar (vt)	탈구하다	tal-gu-ha-da
fratura (f)	골절	gol-jeol
queimadura (f)	화상	hwa-sang
lesão (m)	부상	bu-sang
dor (f)	통증	tong-jeung
dor (f) de dentes	치통, 이앓이	chi-tong, i-a-ri
suar (vi)	땀이 나다	ttam-i na-da
surdo	귀가 먼	gwi-ga meon
mudo	벙어리인	beong-eo-ri-in

imunidade (f)	면역성	myeo-nyeok-seong
vírus (m)	바이러스	ba-i-reo-seu
micróbio (m)	미생물	mi-saeng-mul
bactéria (f)	세균	se-gyun
infeção (f)	감염	gam-nyeom
hospital (m)	병원	byeong-won
cura (f)	치료	chi-ryo
vacinar (vt)	접종하다	jeop-jong-ha-da
estar em coma	혼수 상태에 있다	hon-su sang-tae-e it-da
reanimação (f)	집중 치료	jip-jung chi-ryo
sintoma (m)	증상	jeung-sang
pulso (m)	맥박	maek-bak

6. Sentimentos. Emoções. Conversação

eu	나, 저	na
tu	너	neo
ele	그, 그분	geu, geu-bun
ela	그녀	geu-nyeo
ele, ela	그것	geu-geot
nós	우리	u-ri
vocês	너희	neo-hui
você (sing.)	당신	dang-sin
eles, -as	그들	geu-deul
Olá!	안녕!	an-nyeong!
Bom dia! (formal)	안녕하세요!	an-nyeong-ha-se-yo!
Bom dia! (de manhã)	안녕하세요!	an-nyeong-ha-se-yo!
Boa tarde!	안녕하세요!	an-nyeong-ha-se-yo!
Boa noite!	안녕하세요!	an-nyeong-ha-se-yo!
cumprimentar (vt)	인사하다	in-sa-ha-da
saudar (vt)	인사하다	in-sa-ha-da
Como vai?	잘 지내세요?	jal ji-nae-se-yo?
Até à vista!	안녕히 가세요!	an-nyeong-hi ga-se-yo!
Obrigado! -a!	감사합니다!	gam-sa-ham-ni-da!
sentimentos (m pl)	감정	gam-jeong
ter fome	배가 고프다	bae-ga go-peu-da
ter sede	목마르다	mong-ma-reu-da
cansado	피곤한	pi-gon-han
preocupar-se (vp)	걱정하다	geok-jeong-ha-da
estar nervoso	긴장하다	gin-jang-ha-da
esperança (f)	희망	hui-mang
esperar (vt)	희망하다	hui-mang-ha-da
caráter (m)	성격	seong-gyeok
modesto	겸손한	gyeom-son-han

preguiçoso	게으른	ge-eu-reun
generoso	관대한	gwan-dae-han
talentoso	재능이 있는	jae-neung-i in-neun

honesto	정직한	jeong-jik-an
sério	진지한	jin-ji-han
tímido	소심한	so-sim-han
sincero	성실한	seong-sil-han
cobarde (m)	비겁한 자, 겁쟁이	bi-geo-pan ja, geop-jaeng-i

dormir (vi)	잠을 자다	ja-meul ja-da
sonho (m)	꿈	kkum
cama (f)	침대	chim-dae
almofada (f)	베개	be-gae

insónia (f)	불면증	bul-myeon-jeung
ir para a cama	잠자리에 들다	jam-ja-ri-e deul-da
pesadelo (m)	악몽	ang-mong
despertador (m)	알람 시계	al-lam si-gye

sorriso (m)	미소	mi-so
sorrir (vi)	미소를 짓다	mi-so-reul jit-da
rir (vi)	웃다	ut-da

discussão (f)	싸움	ssa-um
insulto (m)	모욕	mo-yok
ofensa (f)	분노	bun-no
zangado	화가 난	hwa-ga nan

7. Vestuário. Acessórios pessoais

roupa (f)	옷	ot
sobretudo (m)	코트	ko-teu
casaco (m) de peles	모피 외투	mo-pi oe-tu
casaco, blusão (m)	재킷	jae-kit
impermeável (m)	트렌치코트	teu-ren-chi-ko-teu

camisa (f)	셔츠	syeo-cheu
calças (f pl)	바지	ba-ji
casaco (m) de fato	재킷	jae-kit
fato (m)	양복	yang-bok

vestido (ex. ~ vermelho)	드레스	deu-re-seu
saia (f)	치마	chi-ma
T-shirt, camiseta (f)	티셔츠	ti-syeo-cheu
roupão (m) de banho	목욕가운	mo-gyok-ga-un
pijama (m)	파자마	pa-ja-ma
roupa (f) de trabalho	작업복	ja-geop-bok
roupa (f) interior	속옷	so-got
peúgas (f pl)	양말	yang-mal

sutiã (m)	브라	beu-ra
meias-calças (f pl)	팬티 스타킹	paen-ti seu-ta-king
meias (f pl)	밴드 스타킹	baen-deu seu-ta-king
fato (m) de banho	수영복	su-yeong-bok
chapéu (m)	모자	mo-ja
calçado (m)	신발	sin-bal
botas (f pl)	부츠	bu-cheu
salto (m)	굽	gup
atacador (m)	끈	kkeun
graxa (f) para calçado	구두약	gu-du-yak
algodão (m)	면	myeon
lã (f)	모직, 울	mo-jik, ul
pele (f)	모피	mo-pi
luvas (f pl)	장갑	jang-gap
mitenes (f pl)	벙어리장갑	beong-eo-ri-jang-gap
cachecol (m)	목도리	mok-do-ri
óculos (m pl)	안경	an-gyeong
guarda-chuva (m)	우산	u-san
gravata (f)	넥타이	nek-ta-i
lenço (m)	손수건	son-su-geon
pente (m)	빗	bit
escova (f) para o cabelo	빗, 솔빗	bit, sol-bit
fivela (f)	버클	beo-keul
cinto (m)	벨트	bel-teu
bolsa (f) de senhora	핸드백	haen-deu-baek
colarinho (m), gola (f)	옷깃	ot-git
bolso (m)	주머니, 포켓	ju-meo-ni, po-ket
manga (f)	소매	so-mae
braguilha (f)	바지 지퍼	ba-ji ji-peo
fecho (m) de correr	지퍼	ji-peo
botão (m)	단추	dan-chu
sujar-se (vp)	더러워지다	deo-reo-wo-ji-da
mancha (f)	얼룩	eol-luk

8. Cidade. Instituições urbanas

loja (f)	가게, 상점	ga-ge, sang-jeom
centro (m) comercial	쇼핑몰	syo-ping-mol
supermercado (m)	슈퍼마켓	syu-peo-ma-ket
sapataria (f)	신발 가게	sin-bal ga-ge
livraria (f)	서점	seo-jeom
farmácia (f)	약국	yak-guk
padaria (f)	빵집	ppang-jip

pastelaria (f)	제과점	je-gwa-jeom
mercearia (f)	식료품점	sing-nyo-pum-jeom
talho (m)	정육점	jeong-yuk-jeom
loja (f) de legumes	야채 가게	ya-chae ga-ge
mercado (m)	시장	si-jang
salão (m) de cabeleireiro	미장원	mi-jang-won
correios (m pl)	우체국	u-che-guk
lavandaria (f)	드라이 클리닝	deu-ra-i keul-li-ning
circo (m)	서커스	seo-keo-seu
jardim (m) zoológico	동물원	dong-mu-rwon
teatro (m)	극장	geuk-jang
cinema (m)	영화관	yeong-hwa-gwan
museu (m)	박물관	bang-mul-gwan
biblioteca (f)	도서관	do-seo-gwan
mesquita (f)	모스크	mo-seu-keu
sinagoga (f)	유대교 회당	yu-dae-gyo hoe-dang
catedral (f)	대성당	dae-seong-dang
templo (m)	사원, 신전	sa-won, sin-jeon
igreja (f)	교회	gyo-hoe
instituto (m)	단과대학	dan-gwa-dae-hak
universidade (f)	대학교	dae-hak-gyo
escola (f)	학교	hak-gyo
hotel (m)	호텔	ho-tel
banco (m)	은행	eun-haeng
embaixada (f)	대사관	dae-sa-gwan
agência (f) de viagens	여행사	yeo-haeng-sa
metro (m)	지하철	ji-ha-cheol
hospital (m)	병원	byeong-won
posto (m) de gasolina	주유소	ju-yu-so
parque (m) de estacionamento	주차장	ju-cha-jang
ENTRADA	입구	ip-gu
SAÍDA	출구	chul-gu
EMPURRE	미세요	mi-se-yo
PUXE	당기세요	dang-gi-se-yo
ABERTO	열림	yeol-lim
FECHADO	닫힘	da-chim
monumento (m)	기념비	gi-nyeom-bi
fortaleza (f)	요새	yo-sae
palácio (m)	궁전	gung-jeon
medieval	중세의	jung-se-ui
antigo	고대의	go-dae-ui
nacional	국가의	guk-ga-ui
conhecido	유명한	yu-myeong-han

9. Dinheiro. Finanças

dinheiro (m)	돈	don
moeda (f)	동전	dong-jeon
dólar (m)	달러	dal-leo
euro (m)	유로	yu-ro
Caixa Multibanco (m)	현금 자동 지급기	hyeon-geum ja-dong ji-geup-gi
casa (f) de câmbio	환전소	hwan-jeon-so
taxa (f) de câmbio	환율	hwa-nyul
dinheiro (m) vivo	현금	hyeon-geum
Quanto?	얼마?	eol-ma?
pagar (vt)	지불하다	ji-bul-ha-da
pagamento (m)	지불	ji-bul
troco (m)	거스름돈	geo-seu-reum-don
preço (m)	가격	ga-gyeok
desconto (m)	할인	ha-rin
barato	싼	ssan
caro	비싼	bi-ssan
banco (m)	은행	eun-haeng
conta (f)	계좌	gye-jwa
cartão (m) de crédito	신용 카드	si-nyong ka-deu
cheque (m)	수표	su-pyo
passar um cheque	수표를 끊다	su-pyo-reul kkeun-ta
livro (m) de cheques	수표책	su-pyo-chaek
dívida (f)	빚	bit
devedor (m)	채무자	chae-mu-ja
emprestar (vt)	빌려주다	bil-lyeo-ju-da
pedir emprestado	빌리다	bil-li-da
alugar (vestidos, etc.)	빌리다	bil-li-da
a crédito	신용으로	si-nyong-eu-ro
carteira (f)	지갑	ji-gap
cofre (m)	금고	geum-go
herança (f)	유산	yu-san
fortuna (riqueza)	재산, 큰돈	jae-san, keun-don
imposto (m)	세금	se-geum
multa (f)	벌금	beol-geum
multar (vt)	벌금을 부과하다	beol-geu-meul bu-gwa-ha-da
grossista	도매의	do-mae-ui
a retalho	소매의	so-mae-ui
fazer um seguro	보험에 들다	bo-heom-e deul-da
seguro (m)	보험	bo-heom

capital (m)	자본	ja-bon
volume (m) de negócios	총매출액	chong-mae-chu-raek
ação (f)	주식	ju-sik
lucro (m)	수익, 이익	su-ik, i-ik
lucrativo	수익성이 있는	su-ik-seong-i in-neun
crise (f)	위기	wi-gi
bancarrota (f)	파산	pa-san
entrar em falência	파산하다	pa-san-ha-da
contabilista (m)	회계사	hoe-gye-sa
salário, ordenado (m)	급여, 월급	geu-byeo, wol-geup
prémio (m)	보너스	bo-neo-seu

10. Transportes

autocarro (m)	버스	beo-seu
elétrico (m)	전차	jeon-cha
troleicarro (m)	트롤리 버스	teu-rol-li beo-seu
ir de ... (carro, etc.)	⋯ 타고 가다	... ta-go ga-da
entrar (~ no autocarro)	타다	ta-da
descer de ...	⋯ 에서 내리다	... e-seo nae-ri-da
paragem (f)	정류장	jeong-nyu-jang
ponto (m) final	종점	jong-jeom
horário (m)	시간표	si-gan-pyo
bilhete (m)	표	pyo
atrasar-se (vp)	⋯ 시간에 늦다	... si-gan-e neut-da
táxi (m)	택시	taek-si
de táxi (ir ~)	택시로	taek-si-ro
praça (f) de táxis	택시 정류장	taek-si jeong-nyu-jang
tráfego (m)	교통	gyo-tong
horas (f pl) de ponta	러시 아워	reo-si a-wo
estacionar (vi)	주차하다	ju-cha-ha-da
metro (m)	지하철	ji-ha-cheol
estação (f)	역	yeok
comboio (m)	기차	gi-cha
estação (f)	기차역	gi-cha-yeok
trilhos (m pl)	레일	re-il
compartimento (m)	침대차	chim-dae-cha
cama (f)	침대	chim-dae
avião (m)	비행기	bi-haeng-gi
bilhete (m) de avião	비행기표	bi-haeng-gi-pyo
companhia (f) aérea	항공사	hang-gong-sa
aeroporto (m)	공항	gong-hang

voo (m)	비행	bi-haeng
bagagem (f)	짐, 수하물	jim, su-ha-mul
carrinho (m)	수하물 카트	su-ha-mul ka-teu

navio (m)	배	bae
transatlântico (m)	크루즈선	keu-ru-jeu-seon
iate (m)	요트	yo-teu
bote, barco (m)	보트	bo-teu

capitão (m)	선장	seon-jang
camarote (m)	선실	seon-sil
porto (m)	항구	hang-gu

bicicleta (f)	자전거	ja-jeon-geo
scotter, lambreta (f)	스쿠터	seu-ku-teo
mota (f)	오토바이	o-to-ba-i
pedal (m)	폐달	pe-dal
bomba (f) de ar	펌프	peom-peu
roda (f)	바퀴	ba-kwi

carro, automóvel (m)	자동차	ja-dong-cha
ambulância (f)	응급차	eung-geup-cha
camião (m)	트럭	teu-reok
usado	중고의	jung-go-ui
acidente (m) de carro	사고	sa-go
reparação (f)	수리	su-ri

11. Comida. Parte 1

carne (f)	고기	go-gi
galinha (f)	닭고기	dak-go-gi
pato (m)	오리고기	o-ri-go-gi

carne (f) de porco	돼지고기	dwae-ji-go-gi
carne (f) de vitela	송아지 고기	song-a-ji go-gi
carne (f) de carneiro	양고기	yang-go-gi
carne (f) de vaca	소고기	so-go-gi

chouriço (m)	소시지	so-si-ji
ovo (m)	계란	gye-ran
peixe (m)	생선	saeng-seon
queijo (m)	치즈	chi-jeu
açúcar (m)	설탕	seol-tang
sal (m)	소금	so-geum

arroz (m)	쌀	ssal
massas (f pl)	파스타	pa-seu-ta
manteiga (f)	버터	beo-teo
óleo (m)	식물유	sing-mu-ryu
pão (m)	빵	ppang

chocolate (m)	초콜릿	cho-kol-lit
vinho (m)	와인	wa-in
café (m)	커피	keo-pi
leite (m)	우유	u-yu
sumo (m)	주스	ju-seu
cerveja (f)	맥주	maek-ju
chá (m)	차	cha
tomate (m)	토마토	to-ma-to
pepino (m)	오이	o-i
cenoura (f)	당근	dang-geun
batata (f)	감자	gam-ja
cebola (f)	양파	yang-pa
alho (m)	마늘	ma-neul
couve (f)	양배추	yang-bae-chu
beterraba (f)	비트	bi-teu
beringela (f)	가지	ga-ji
funcho, endro (m)	딜	dil
alface (f)	양상추	yang-sang-chu
milho (m)	옥수수	ok-su-su
fruta (f)	과일	gwa-il
maçã (f)	사과	sa-gwa
pera (f)	배	bae
limão (m)	레몬	re-mon
laranja (f)	오렌지	o-ren-ji
morango (m)	딸기	ttal-gi
ameixa (f)	자두	ja-du
framboesa (f)	라즈베리	ra-jeu-be-ri
ananás (m)	파인애플	pa-in-ae-peul
banana (f)	바나나	ba-na-na
melancia (f)	수박	su-bak
uva (f)	포도	po-do
meloa (f)	멜론	mel-lon

12. Comida. Parte 2

cozinha (~ portuguesa)	요리	yo-ri
receita (f)	요리법	yo-ri-beop
comida (f)	음식	eum-sik
tomar o pequeno-almoço	아침을 먹다	a-chi-meul meok-da
almoçar (vi)	점심을 먹다	jeom-si-meul meok-da
jantar (vi)	저녁을 먹다	jeo-nyeo-geul meok-da
sabor, gosto (m)	맛	mat
gostoso	맛있는	man-nin-neun
frio	차가운	cha-ga-un

quente	뜨거운	tteu-geo-un
doce (açucarado)	단	dan
salgado	짠	jjan

sandes (f)	샌드위치	saen-deu-wi-chi
conduto (m)	사이드 메뉴	sa-i-deu me-nyu
recheio (m)	속	sok
molho (m)	소스	so-seu
pedaço (~ de bolo)	조각	jo-gak

dieta (f)	다이어트	da-i-eo-teu
vitamina (f)	비타민	bi-ta-min
caloria (f)	칼로리	kal-lo-ri
vegetariano (m)	채식주의자	chae-sik-ju-ui-ja

restaurante (m)	레스토랑	re-seu-to-rang
café (m)	커피숍	keo-pi-syop
apetite (m)	식욕	si-gyok
Bom apetite!	맛있게 드십시오!	man-nit-ge deu-sip-si-o!

empregado (m) de mesa	웨이터	we-i-teo
empregada (f) de mesa	웨이트리스	we-i-teu-ri-seu
barman (m)	바텐더	ba-ten-deo
ementa (f)	메뉴판	me-nyu-pan

colher (f)	숟가락	sut-ga-rak
faca (f)	나이프	na-i-peu

garfo (m)	포크	po-keu
chávena (f)	컵	keop

prato (m)	접시	jeop-si
pires (m)	받침 접시	bat-chim jeop-si

guardanapo (m)	냅킨	naep-kin
palito (m)	이쑤시개	i-ssu-si-gae

pedir (vt)	주문하다	ju-mun-ha-da
prato (m)	요리, 코스	yo-ri, ko-seu
porção (f)	분량	bul-lyang
entrada (f)	애피타이저	ae-pi-ta-i-jeo

salada (f)	샐러드	sael-leo-deu
sopa (f)	수프	su-peu

sobremesa (f)	디저트	di-jeo-teu
doce (m)	잼	jaem
gelado (m)	아이스크림	a-i-seu-keu-rim

conta (f)	계산서	gye-san-seo
pagar a conta	계산하다	gye-san-ha-da
gorjeta (f)	팁	tip

13. Casa. Apartamento. Parte 1

casa (f)	집	jip
casa (f) de campo	시외 주택	si-oe ju-taek
vila (f)	별장	byeol-jang
andar (m)	층	cheung
entrada (f)	입구	ip-gu
parede (f)	벽	byeok
telhado (m)	지붕	ji-bung
chaminé (f)	굴뚝	gul-ttuk
sótão (m)	다락	da-rak
janela (f)	창문	chang-mun
parapeito (m)	창가	chang-ga
varanda (f)	발코니	bal-ko-ni
escada (f)	계단	gye-dan
caixa (f) de correio	우편함	u-pyeon-ham
caixote (m) do lixo	쓰레기통	sseu-re-gi-tong
elevador (m)	엘리베이터	el-li-be-i-teo
eletricidade (f)	전기	jeon-gi
lâmpada (f)	전구	jeon-gu
interruptor (m)	스위치	seu-wi-chi
tomada (f)	소켓	so-ket
fusível (m)	퓨즈	pyu-jeu
porta (f)	문	mun
maçaneta (f)	손잡이	son-ja-bi
chave (f)	열쇠	yeol-soe
tapete (m) de entrada	문 매트	mun mae-teu
fechadura (f)	자물쇠	ja-mul-soe
campainha (f)	벨	bel
batida (f)	노크	no-keu
bater (vi)	두드리다	du-deu-ri-da
vigia (f), olho (m) mágico	문구멍	mun-gu-meong
pátio (m)	마당	ma-dang
jardim (m)	정원	jeong-won
piscina (f)	수영장	su-yeong-jang
ginásio (m)	헬스장	hel-seu-jang
campo (m) de ténis	테니스장	te-ni-seu-jang
garagem (f)	차고	cha-go
propriedade (f) privada	개인 소유물	gae-in so-yu-mul
sinal (m) de aviso	경고판	gyeong-go-pan
guarda (f)	보안	bo-an
guarda (m)	보안요원	bo-a-nyo-won
renovação (f)	수리를	su-ri-reul
renovar (vt), fazer obras	수리를 하다	su-ri-reul ha-da

arranjar (vt)	정리하다	jeong-ni-ha-da
pintar (vt)	페인트를 칠하다	pe-in-teu-reul chil-ha-da
papel (m) de parede	벽지	byeok-ji
envernizar (vt)	니스를 칠하다	ni-seu-reul chil-ha-da

tubo (m)	관, 파이프	gwan, pa-i-peu
ferramentas (f pl)	공구	gong-gu
cave (f)	지하실	ji-ha-sil
sistema (m) de esgotos	하수도	ha-su-do

14. Casa. Apartamento. Parte 2

apartamento (m)	아파트	a-pa-teu
quarto (m)	방	bang
quarto (m) de dormir	침실	chim-sil
sala (f) de jantar	식당	sik-dang

sala (f) de estar	거실	geo-sil
escritório (m)	서재	seo-jae
antessala (f)	곁방	gyeot-bang
quarto (m) de banho	욕실	yok-sil
quarto (m) de banho	화장실	hwa-jang-sil

| chão, soalho (m) | 마루 | ma-ru |
| teto (m) | 천장 | cheon-jang |

limpar o pó	먼지를 떨다	meon-ji-reul tteol-da
aspirador (m)	진공 청소기	jin-gong cheong-so-gi
aspirar (vt)	진공 청소기로 청소하다	jin-gong cheong-so-gi-ro cheong-so-ha-da

esfregona (f)	대걸레	dae-geol-le
pano (m), trapo (m)	행주	haeng-ju
vassoura (f)	빗자루	bit-ja-ru
pá (f) de lixo	쓰레받기	sseu-re-bat-gi

mobiliário (m)	가구	ga-gu
mesa (f)	식탁, 테이블	sik-tak, te-i-beul
cadeira (f)	의자	ui-ja
cadeirão (m)	안락 의자	al-lak gui-ja

biblioteca (f)	책장	chaek-jang
prateleira (f)	책꽂이	chaek-kko-ji
guarda-vestidos (m)	옷장	ot-jang

espelho (m)	거울	geo-ul
tapete (m)	양탄자	yang-tan-ja
lareira (f)	벽난로	byeong-nan-no
cortinas (f pl)	커튼	keo-teun
candeeiro (m) de mesa	테이블 램프	deung

lustre (m)	샹들리에	syang-deul-li-e
cozinha (f)	부엌	bu-eok
fogão (m) a gás	가스 레인지	ga-seu re-in-ji
fogão (m) elétrico	전기 레인지	jeon-gi re-in-ji
forno (m) de micro-ondas	전자 레인지	jeon-ja re-in-ji
frigorífico (m)	냉장고	naeng-jang-go
congelador (m)	냉동고	naeng-dong-go
máquina (f) de lavar louça	식기 세척기	sik-gi se-cheok-gi
torneira (f)	수도꼭지	su-do-kkok-ji
moedor (m) de carne	고기 분쇄기	go-gi bun-swae-gi
espremedor (m)	과즙기	gwa-jeup-gi
torradeira (f)	토스터	to-seu-teo
batedeira (f)	믹서기	mik-seo-gi
máquina (f) de café	커피 메이커	keo-pi me-i-keo
chaleira (f)	주전자	ju-jeon-ja
bule (m)	티팟	ti-pat
televisor (m)	텔레비전	tel-le-bi-jeon
videogravador (m)	비디오테이프 녹화기	bi-di-o-te-i-peu nok-wa-gi
ferro (m) de engomar	다리미	da-ri-mi
telefone (m)	전화	jeon-hwa

15. Profissões. Estatuto social

diretor (m)	사장	sa-jang
superior (m)	상사	sang-sa
presidente (m)	회장	hoe-jang
assistente (m)	조수	jo-su
secretário (m)	비서	bi-seo
proprietário (m)	소유자	so-yu-ja
parceiro, sócio (m)	파트너	pa-teu-neo
acionista (m)	주주	ju-ju
homem (m) de negócios	사업가	sa-eop-ga
milionário (m)	백만장자	baeng-man-jang-ja
bilionário (m)	억만장자	eong-man-jang-ja
ator (m)	배우	bae-u
arquiteto (m)	건축가	geon-chuk-ga
banqueiro (m)	은행가	eun-haeng-ga
corretor (m)	브로커	beu-ro-keo
veterinário (m)	수의사	su-ui-sa
médico (m)	의사	ui-sa
camareira (f)	객실 청소부	gaek-sil cheong-so-bu
designer (m)	디자이너	di-ja-i-neo

| correspondente (m) | 통신원 | tong-sin-won |
| entregador (m) | 배달원 | bae-da-rwon |

eletricista (m)	전기 기사	jeon-gi gi-sa
músico (m)	음악가	eum-ak-ga
babysitter (f)	애기보는 사람	ae-gi-bo-neun sa-ram
cabeleireiro (m)	미용사	mi-yong-sa
pastor (m)	목동	mok-dong

cantor (m)	가수	ga-su
tradutor (m)	번역가	beo-nyeok-ga
escritor (m)	작가	jak-ga
carpinteiro (m)	목수	mok-su
cozinheiro (m)	요리사	yo-ri-sa

bombeiro (m)	소방관	so-bang-gwan
polícia (m)	경찰관	gyeong-chal-gwan
carteiro (m)	우체부	u-che-bu
programador (m)	프로그래머	peu-ro-geu-rae-meo
vendedor (m)	점원	jeom-won

operário (m)	노동자	no-dong-ja
jardineiro (m)	정원사	jeong-won-sa
canalizador (m)	배관공	bae-gwan-gong
estomatologista (m)	치과 의사	chi-gwa ui-sa
hospedeira (f) de bordo	승무원	seung-mu-won

bailarino (m)	무용가	mu-yong-ga
guarda-costas (m)	경호원	gyeong-ho-won
cientista (m)	과학자	gwa-hak-ja
professor (m)	선생님	seon-saeng-nim

agricultor (m)	농부	nong-bu
cirurgião (m)	외과 의사	oe-gwa ui-sa
mineiro (m)	광부	gwang-bu
cozinheiro chefe (m)	주방장	ju-bang-jang
condutor (automobilista)	운전 기사	un-jeon gi-sa

16. Desporto

tipo (m) de desporto	스포츠 종류	seu-po-cheu jong-nyu
futebol (m)	축구	chuk-gu
hóquei (m)	하키	ha-ki
basquetebol (m)	농구	nong-gu
beisebol (m)	야구	ya-gu

voleibol (m)	배구	bae-gu
boxe (m)	권투	gwon-tu
luta (f)	레슬링	re-seul-ling
ténis (m)	테니스	te-ni-seu

natação (f)	수영	su-yeong
xadrez (m)	체스	che-seu
corrida (f)	달리기	dal-li-gi
atletismo (m)	육상 경기	yuk-sang gyeong-gi
patinagem (f) artística	피겨 스케이팅	pi-gyeo seu-ke-i-ting
ciclismo (m)	자전거경기	ja-jeon-geo-gyeong-gi
bilhar (m)	당구	dang-gu
musculação (f)	보디빌딩	bo-di-bil-ding
golfe (m)	골프	gol-peu
mergulho (m)	스쿠버다이빙	seu-ku-beo-da-i-bing
vela (f)	요트타기	yo-teu-ta-gi
tiro (m) com arco	양궁	yang-gung
tempo (m)	경기 시간	gyeong-gi si-gan
intervalo (m)	하프 타임	ha-peu ta-im
empate (m)	무승부	mu-seung-bu
empatar (vi)	무승부로 끝나다	mu-seung-bu-ro kkeun-na-da
passadeira (f)	러닝 머신	reo-ning meo-sin
jogador (m)	선수	seon-su
jogador (m) de reserva	후보 선수	hu-bo seon-su
banco (m) de reservas	후보 선수 대기석	hu-bo seon-su dae-gi-seok
jogo (desafio)	경기	gyeong-gi
baliza (f)	골	gol
guarda-redes (m)	골키퍼	gol-ki-peo
golo (m)	득점	deuk-jeom
Jogos (m pl) Olímpicos	올림픽	ol-lim-pik
estabelecer um recorde	기록을 세우다	gi-ro-geul se-u-da
final (m)	결승전	gyeol-seung-jeon
campeão (m)	챔피언	chaem-pi-eon
campeonato (m)	선수권	seon-su-gwon
vencedor (m)	승리자	seung-ni-ja
vitória (f)	승리	seung-ni
ganhar (vi)	이기다	i-gi-da
perder (vt)	지다	ji-da
medalha (f)	메달	me-dal
primeiro lugar (m)	일등	il-deung
segundo lugar (m)	준우승	seu-ko-eo-bo-deu
terceiro lugar (m)	3위	sam-wi
estádio (m)	경기장	gyeong-gi-jang
fã, adepto (m)	서포터	seo-po-teo
treinador (m)	코치	ko-chi
treino (m)	훈련	hul-lyeon

17. Línguas estrangeiras. Ortografia

língua (f)	언어	eon-eo
estudar (vt)	공부하다	gong-bu-ha-da
pronúncia (f)	발음	ba-reum
sotaque (m)	악센트	ak-sen-teu
substantivo (m)	명사	myeong-sa
adjetivo (m)	형용사	hyeong-yong-sa
verbo (m)	동사	dong-sa
advérbio (m)	부사	bu-sa
pronome (m)	대명사	dae-myeong-sa
interjeição (f)	감탄사	gam-tan-sa
preposição (f)	전치사	jeon-chi-sa
raiz (f) da palavra	어근	eo-geun
terminação (f)	어미	eo-mi
prefixo (m)	접두사	jeop-du-sa
sílaba (f)	음절	eum-jeol
sufixo (m)	접미사	jeom-mi-sa
acento (m)	강세	gang-se
ponto (m)	마침표	ma-chim-pyo
vírgula (f)	쉼표	swim-pyo
dois pontos (m pl)	콜론	kol-lon
reticências (f pl)	말줄임표	mal-ju-rim-pyo
pergunta (f)	질문	jil-mun
ponto (m) de interrogação	물음표	mu-reum-pyo
ponto (m) de exclamação	느낌표	neu-kkim-pyo
entre aspas	따옴표 안에	tta-om-pyo a-ne
entre parênteses	괄호 속에	gwal-ho so-ge
letra (f)	글자	geul-ja
letra (f) maiúscula	대문자	dae-mun-ja
frase (f)	문장	mun-jang
grupo (m) de palavras	문구	mun-gu
expressão (f)	표현	pyo-hyeon
sujeito (m)	주어	ju-eo
predicado (m)	서술어	seo-su-reo
linha (f)	줄	jul
parágrafo (m)	단락	dal-lak
sinónimo (m)	동의어	dong-ui-eo
antónimo (m)	반의어	ban-ui-eo
exceção (f)	예외	ye-oe
sublinhar (vt)	밑줄을 긋다	mit-ju-reul geut-da
regras (f pl)	규칙	gyu-chik

gramática (f)	문법	mun-beop
léxico (m)	어휘	eo-hwi
fonética (f)	음성학	eum-seong-hak
alfabeto (m)	알파벳	al-pa-bet

manual (m) escolar	교과서	gyo-gwa-seo
dicionário (m)	사전	sa-jeon
guia (m) de conversação	회화집	hoe-hwa-jip

palavra (f)	단어	dan-eo
sentido (m)	의미	ui-mi
memória (f)	기억력	gi-eong-nyeok

18. A Terra. Geografia

Terra (f)	지구	ji-gu
globo terrestre (Terra)	지구	ji-gu
planeta (m)	행성	haeng-seong

geografia (f)	지리학	ji-ri-hak
natureza (f)	자연	ja-yeon
mapa (m)	지도	ji-do
atlas (m)	지도첩	ji-do-cheop

no norte	북쪽에	buk-jjo-ge
no sul	남쪽에	nam-jjo-ge
no oeste	서쪽에	seo-jjo-ge
no leste	동쪽에	dong-jjo-ge

mar (m)	바다	ba-da
oceano (m)	대양	dae-yang
golfo (m)	만	man
estreito (m)	해협	hae-hyeop

continente (m)	대륙	dae-ryuk
ilha (f)	섬	seom
península (f)	반도	ban-do
arquipélago (m)	군도	gun-do

porto (m)	항구	hang-gu
recife (m) de coral	산호초	san-ho-cho
litoral (m)	해변	hae-byeon
costa (f)	바닷가	ba-dat-ga

| maré (f) alta | 밀물 | mil-mul |
| maré (f) baixa | 썰물 | sseol-mul |

latitude (f)	위도	wi-do
longitude (f)	경도	gyeong-do
paralela (f)	위도선	wi-do-seon

equador (m)	적도	jeok-do
céu (m)	하늘	ha-neul
horizonte (m)	수평선	su-pyeong-seon
atmosfera (f)	대기	dae-gi
montanha (f)	산	san
cume (m)	정상	jeong-sang
falésia (f)	절벽	jeol-byeok
colina (f)	언덕, 작은 산	eon-deok, ja-geun san
vulcão (m)	화산	hwa-san
glaciar (m)	빙하	bing-ha
queda (f) d'água	폭포	pok-po
planície (f)	평원	pyeong-won
rio (m)	강	gang
fonte, nascente (f)	샘	saem
margem (do rio)	둑	duk
rio abaixo	하류로	gang ha-ryu-ro
rio acima	상류로	sang-nyu-ro
lago (m)	호수	ho-su
barragem (f)	댐	daem
canal (m)	운하	un-ha
pântano (m)	늪, 소택지	neup, so-taek-ji
gelo (m)	얼음	eo-reum

19. Países do Mundo. Parte 1

Europa (f)	유럽	yu-reop
União (f) Europeia	유럽 연합	yu-reop byeon-hap
europeu (m)	유럽 사람	yu-reop sa-ram
europeu	유럽의	yu-reo-bui
Áustria (f)	오스트리아	o-seu-teu-ri-a
Grã-Bretanha (f)	영국	yeong-guk
Inglaterra (f)	잉글랜드	ing-geul-laen-deu
Bélgica (f)	벨기에	bel-gi-e
Alemanha (f)	독일	do-gil
Países (m pl) Baixos	네덜란드	ne-deol-lan-deu
Holanda (f)	네덜란드	ne-deol-lan-deu
Grécia (f)	그리스	geu-ri-seu
Dinamarca (f)	덴마크	den-ma-keu
Irlanda (f)	아일랜드	a-il-laen-deu
Islândia (f)	아이슬란드	a-i-seul-lan-deu
Espanha (f)	스페인	seu-pe-in
Itália (f)	이탈리아	i-tal-li-a
Chipre (m)	키프로스	ki-peu-ro-seu

Malta (f)	몰타	mol-ta
Noruega (f)	노르웨이	no-reu-we-i
Portugal (m)	포르투갈	po-reu-tu-gal
Finlândia (f)	핀란드	pil-lan-deu
França (f)	프랑스	peu-rang-seu
Suécia (f)	스웨덴	seu-we-den
Suíça (f)	스위스	seu-wi-seu
Escócia (f)	스코틀랜드	seu-ko-teul-laen-deu
Vaticano (m)	바티칸	ba-ti-kan
Liechtenstein (m)	리히텐슈타인	ri-hi-ten-syu-ta-in
Luxemburgo (m)	룩셈부르크	ruk-sem-bu-reu-keu
Mónaco (m)	모나코	mo-na-ko
Albânia (f)	알바니아	al-ba-ni-a
Bulgária (f)	불가리아	bul-ga-ri-a
Hungria (f)	헝가리	heong-ga-ri
Letónia (f)	라트비아	ra-teu-bi-a
Lituânia (f)	리투아니아	ri-tu-a-ni-a
Polónia (f)	폴란드	pol-lan-deu
Roménia (f)	루마니아	ru-ma-ni-a
Sérvia (f)	세르비아	se-reu-bi-a
Eslováquia (f)	슬로바키아	seul-lo-ba-ki-a
Croácia (f)	크로아티아	keu-ro-a-ti-a
República (f) Checa	체코	che-ko
Estónia (f)	에스토니아	e-seu-to-ni-a
Bósnia e Herzegovina (f)	보스니아 헤르체코비나	bo-seu-ni-a he-reu-che-ko-bi-na
Macedónia (f)	마케도니아	ma-ke-do-ni-a
Eslovénia (f)	슬로베니아	seul-lo-be-ni-a
Montenegro (m)	몬테네그로	mon-te-ne-geu-ro
Bielorrússia (f)	벨로루시	bel-lo-ru-si
Moldávia (f)	몰도바	mol-do-ba
Rússia (f)	러시아	reo-si-a
Ucrânia (f)	우크라이나	u-keu-ra-i-na

20. Países do Mundo. Parte 2

Ásia (f)	아시아	a-si-a
Vietname (m)	베트남	be-teu-nam
Índia (f)	인도	in-do
Israel (m)	이스라엘	i-seu-ra-el
China (f)	중국	jung-guk
Líbano (m)	레바논	re-ba-non
Mongólia (f)	몽골	mong-gol
Malásia (f)	말레이시아	mal-le-i-si-a

| Paquistão (m) | 파키스탄 | pa-ki-seu-tan |
| Arábia (f) Saudita | 사우디아라비아 | sa-u-di-a-ra-bi-a |

Tailândia (f)	태국	tae-guk
Taiwan (m)	대만	dae-man
Turquia (f)	터키	teo-ki
Japão (m)	일본	il-bon
Afeganistão (m)	아프가니스탄	a-peu-ga-ni-seu-tan

Bangladesh (m)	방글라데시	bang-geul-la-de-si
Indonésia (f)	인도네시아	in-do-ne-si-a
Jordânia (f)	요르단	yo-reu-dan
Iraque (m)	이라크	i-ra-keu
Irão (m)	이란	i-ran

Camboja (f)	캄보디아	kam-bo-di-a
Kuwait (m)	쿠웨이트	ku-we-i-teu
Laos (m)	라오스	ra-o-seu
Mianmar, Birmânia	미얀마	mi-yan-ma
Nepal (m)	네팔	ne-pal

Emirados Árabes Unidos	아랍에미리트	a-ra-be-mi-ri-teu
Síria (f)	시리아	si-ri-a
Palestina (f)	팔레스타인	pal-le-seu-ta-in
Coreia do Sul (f)	한국	han-guk
Coreia do Norte (f)	북한	buk-an

Estados Unidos da América	미국	mi-guk
Canadá (m)	캐나다	kae-na-da
México (m)	멕시코	mek-si-ko
Argentina (f)	아르헨티나	a-reu-hen-ti-na
Brasil (m)	브라질	beu-ra-jil

Colômbia (f)	콜롬비아	kol-lom-bi-a
Cuba (f)	쿠바	ku-ba
Chile (m)	칠레	chil-le
Venezuela (f)	베네수엘라	be-ne-su-el-la
Equador (m)	에콰도르	e-kwa-do-reu

Bahamas (f pl)	바하마	ba-ha-ma
Panamá (m)	파나마	pa-na-ma
Egito (m)	이집트	i-jip-teu
Marrocos	모로코	mo-ro-ko
Tunísia (f)	튀니지	twi-ni-ji

Quénia (f)	케냐	ke-nya
Líbia (f)	리비아	ri-bi-a
África do Sul (f)	남아프리카 공화국	nam-a-peu-ri-ka gong-hwa-guk

| Austrália (f) | 호주 | ho-ju |
| Nova Zelândia (f) | 뉴질랜드 | nyu-jil-laen-deu |

21. Tempo. Catástrofes naturais

tempo (m)	날씨	nal-ssi
previsão (f) do tempo	일기 예보	il-gi ye-bo
temperatura (f)	온도	on-do
termómetro (m)	온도계	on-do-gye
barómetro (m)	기압계	gi-ap-gye
sol (m)	해	hae
brilhar (vi)	빛나다	bin-na-da
de sol, ensolarado	화창한	hwa-chang-han
nascer (vi)	뜨다	tteu-da
pôr-se (vp)	지다	ji-da
chuva (f)	비	bi
está a chover	비가 오다	bi-ga o-da
chuva (f) torrencial	억수	eok-su
poça (f)	웅덩이	ung-deong-i
molhar-se (vp)	젖다	jeot-da
trovoada (f)	뇌우	noe-u
relâmpago (m)	번개	beon-gae
relampejar (vi)	번쩍이다	beon-jjeo-gi-da
trovão (m)	천둥	cheon-dung
está a trovejar	천둥이 치다	cheon-dung-i chi-da
granizo (m)	싸락눈	ssa-rang-nun
está a cair granizo	싸락눈이 내리다	ssa-rang-nun-i nae-ri-da
calor (m)	더위	deo-wi
está muito calor	덥다	deop-da
está calor	따뜻하다	tta-tteu-ta-da
está frio	춥다	chup-da
nevoeiro (m)	안개	an-gae
de nevoeiro	안개가 자욱한	an-gae-ga ja-uk-an
nuvem (f)	구름	gu-reum
nublado	구름의	gu-reum-ui
humidade (f)	습함, 습기	seu-pam, seup-gi
neve (f)	눈	nun
está a nevar	눈이 오다	nun-i o-da
gelo (m)	지독한 서리	ji-dok-an seo-ri
abaixo de zero	영하	yeong-ha
geada (f) branca	서리	seo-ri
catástrofe (f)	재해	jae-hae
inundação (f)	홍수	hong-su
avalanche (f)	눈사태	nun-sa-tae
terremoto (m)	지진	ji-jin
abalo, tremor (m)	진동	jin-dong
epicentro (m)	진앙	jin-ang

| erupção (f) | 폭발 | pok-bal |
| lava (f) | 용암 | yong-am |

tornado (m)	토네이도	to-ne-i-do
turbilhão (m)	회오리바람	hoe-o-ri-ba-ram
furacão (m)	허리케인	heo-ri-ke-in
tsunami (m)	해일	hae-il

22. Animais. Parte 1

| animal (m) | 동물 | dong-mul |
| predador (m) | 육식 동물 | yuk-sik dong-mul |

tigre (m)	호랑이	ho-rang-i
leão (m)	사자	sa-ja
lobo (m)	이리	i-ri
raposa (f)	여우	yeo-u
jaguar (m)	재규어	jae-gyu-eo

lince (m)	스라소니	seu-ra-so-ni
coiote (m)	코요테	ko-yo-te
chacal (m)	재칼	jae-kal
hiena (f)	하이에나	ha-i-e-na

esquilo (m)	다람쥐	da-ram-jwi
ouriço (m)	고슴도치	go-seum-do-chi
coelho (m)	굴토끼	gul-to-kki
guaxinim (m)	너구리	neo-gu-ri

hamster (m)	햄스터	haem-seu-teo
toupeira (f)	두더지	du-deo-ji
rato (m)	생쥐	saeng-jwi
ratazana (f)	시궁쥐	si-gung-jwi
morcego (m)	박쥐	bak-jwi

castor (m)	비버	bi-beo
cavalo (m)	말	mal
veado (m)	사슴	sa-seum
camelo (m)	낙타	nak-ta
zebra (f)	얼룩말	eol-lung-mal

baleia (f)	고래	go-rae
foca (f)	바다표범	ba-da-pyo-beom
morsa (f)	바다코끼리	ba-da-ko-kki-ri
golfinho (m)	돌고래	dol-go-rae

urso (m)	곰	gom
macaco (em geral)	원숭이	won-sung-i
elefante (m)	코끼리	ko-kki-ri
rinoceronte (m)	코뿔소	ko-ppul-so

girafa (f)	기린	gi-rin
hipopótamo (m)	하마	ha-ma
canguru (m)	캥거루	kaeng-geo-ru
gata (f)	고양이	go-yang-i

vaca (f)	암소	am-so
touro (m)	황소	hwang-so
ovelha (f)	양, 암양	yang, a-myang
cabra (f)	염소	yeom-so

burro (m)	당나귀	dang-na-gwi
porco (m)	돼지	dwae-ji
galinha (f)	암탉	am-tak
galo (m)	수탉	su-tak

pato (m), pata (f)	집오리	ji-bo-ri
ganso (m)	집거위	jip-geo-wi
perua (f)	칠면조	chil-myeon-jo
cão pastor (m)	양치기 개	yang-chi-gi gae

23. Animais. Parte 2

pássaro, ave (m)	새	sae
pombo (m)	비둘기	bi-dul-gi
pardal (m)	참새	cham-sae
chapim-real (m)	박새	bak-sae
pega-rabuda (f)	까치	kka-chi

águia (f)	독수리	dok-su-ri
açor (m)	매	mae
falcão (m)	매	mae

cisne (m)	백조	baek-jo
grou (m)	두루미	du-ru-mi
cegonha (f)	황새	hwang-sae
papagaio (m)	앵무새	aeng-mu-sae
pavão (m)	공작	gong-jak
avestruz (f)	타조	ta-jo

garça (f)	왜가리	wae-ga-ri
rouxinol (m)	나이팅게일	na-i-ting-ge-il
andorinha (f)	제비	je-bi
pica-pau (m)	딱따구리	ttak-tta-gu-ri
cuco (m)	뻐꾸기	ppeo-kku-gi
coruja (f)	올빼미	ol-ppae-mi

pinguim (m)	펭귄	peng-gwin
atum (m)	참치	cham-chi
truta (f)	송어	song-eo
enguia (f)	뱀장어	baem-jang-eo

tubarão (m)	상어	sang-eo
caranguejo (m)	게	ge
medusa, alforreca (f)	해파리	hae-pa-ri
polvo (m)	낙지	nak-ji

estrela-do-mar (f)	불가사리	bul-ga-sa-ri
ouriço-do-mar (m)	성게	seong-ge
cavalo-marinho (m)	해마	hae-ma
camarão (m)	새우	sae-u

serpente, cobra (f)	뱀	baem
víbora (f)	살무사	sal-mu-sa
lagarto (m)	도마뱀	do-ma-baem
iguana (f)	이구아나	i-gu-a-na
camaleão (m)	카멜레온	ka-mel-le-on
escorpião (m)	전갈	jeon-gal

tartaruga (f)	거북	geo-buk
rã (f)	개구리	gae-gu-ri
crocodilo (m)	악어	a-geo

inseto (m)	곤충	gon-chung
borboleta (f)	나비	na-bi
formiga (f)	개미	gae-mi
mosca (f)	파리	pa-ri

mosquito (m)	모기	mo-gi
escaravelho (m)	딱정벌레	ttak-jeong-beol-le
abelha (f)	꿀벌	kkul-beol
aranha (f)	거미	geo-mi

24. Árvores. Plantas

árvore (f)	나무	na-mu
bétula (f)	자작나무	ja-jang-na-mu
carvalho (m)	오크	o-keu
tília (f)	보리수	bo-ri-su
choupo-tremedor (m)	사시나무	sa-si-na-mu

bordo (m)	단풍나무	dan-pung-na-mu
espruce-europeu (m)	가문비나무	ga-mun-bi-na-mu
pinheiro (m)	소나무	so-na-mu
cedro (m)	시다	si-da

choupo, álamo (m)	포플러	po-peul-leo
tramazeira (f)	마가목	ma-ga-mok
faia (f)	너도밤나무	neo-do-bam-na-mu
ulmeiro (m)	느릅나무	neu-reum-na-mu
freixo (m)	물푸레나무	mul-pu-re-na-mu
castanheiro (m)	밤나무	bam-na-mu

palmeira (f)	야자나무	ya-ja-na-mu
arbusto (m)	덤불	deom-bul

cogumelo (m)	버섯	beo-seot
cogumelo (m) venenoso	독버섯	dok-beo-seot
rússula (f)	무당버섯	mu-dang-beo-seot
agário-das-moscas (m)	광대버섯	gwang-dae-beo-seot
cicuta (f) verde	알광대버섯	al-gwang-dae-beo-seot

flor (f)	꽃	kkot
ramo (m) de flores	꽃다발	kkot-da-bal
rosa (f)	장미	jang-mi
tulipa (f)	튤립	tyul-lip
cravo (m)	카네이션	ka-ne-i-syeon

camomila (f)	캐모마일	kae-mo-ma-il
cato (m)	선인장	seon-in-jang
lírio-do-vale (m)	은방울꽃	eun-bang-ul-kkot
campânula-branca (f)	스노드롭	seu-no-deu-rop
nenúfar (m)	수련	su-ryeon

estufa (f)	온실	on-sil
relvado (m)	잔디	jan-di
canteiro (m) de flores	꽃밭	kkot-bat

planta (f)	식물	sing-mul
erva (f)	풀	pul
folha (f)	잎	ip
pétala (f)	꽃잎	kko-chip
talo (m)	줄기	jul-gi
broto, rebento (m)	새싹	sae-ssak

cereais (plantas)	곡류	gong-nyu
trigo (m)	밀	mil
centeio (m)	호밀	ho-mil
aveia (f)	귀리	gwi-ri

milho-miúdo (m)	수수, 기장	su-su, gi-jang
cevada (f)	보리	bo-ri
milho (m)	옥수수	ok-su-su
arroz (m)	쌀	ssal

25. Várias palavras úteis

ajuda (f)	도움	do-um
base (f)	근거	geun-geo
categoria (f)	범주	beom-ju
coincidência (f)	우연	u-yeon
começo (m)	시작	si-jak
comparação (f)	비교	bi-gyo

desenvolvimento (m)	개발	gae-bal
diferença (f)	다름	da-reum
efeito (m)	효과	hyo-gwa
elemento (m)	요소	yo-so
equilíbrio (m)	균형	gyun-hyeong
erro (m)	실수	sil-su
esforço (m)	노력	no-ryeok
estilo (m)	스타일	seu-ta-il
exemplo (m)	예	ye
facto (m)	사실	sa-sil
forma (f)	모양	mo-yang
género (tipo)	종류	jong-nyu
grau (m)	정도	jeong-do
ideal	이상	i-sang
mistério (m)	비밀	bi-mil
modo (m)	방법	bang-beop
momento (m)	순간	sun-gan
obstáculo (m)	장애	jang-ae
padrão	기준의	gi-jun-ui
paragem (pausa)	정지	jeong-ji
parte (f)	부분	bu-bun
pausa (f)	휴식	hyu-sik
posição (f)	위치	wi-chi
problema (m)	문제	mun-je
processo (m)	과정	gwa-jeong
progresso (m)	진척	jin-cheok
propriedade (f)	특질	teuk-jil
reação (f)	반응	ba-neung
risco (m)	위험	wi-heom
ritmo (m)	완급	wan-geup
série (f)	일련	il-lyeon
sistema (m)	체계	che-gye
situação (f)	상황	sang-hwang
solução (f)	해결	hae-gyeol
tabela (f)	표	pyo
termo (ex. ~ técnico)	용어	yong-eo
urgente	긴급한	gin-geu-pan
utilidade (f)	유용성	yu-yong-seong
variante (f)	변종	byeon-jong
variedade (f)	선택	seon-taek
verdade (f)	진리	jil-li
vez (f)	차례	cha-rye
zona (f)	지대	ji-dae

26. Modificadores. Adjetivos. Parte 1

aberto	열린	yeol-lin
afiado	날카로운	nal-ka-ro-un
alto (ex. voz ~a)	시끄러운	si-kkeu-reo-un
amargo	쓴	sseun
amplo	넓은	neol-beun

antigo	고대의	go-dae-ui
arriscado	위험한	wi-heom-han
artificial	인공의	in-gong-ui
azedo	시큼한	si-keum-han

baixo (voz ~a)	낮은	na-jeun
bonito	아름다운	a-reum-da-un
bronzeado	햇볕에 탄	haet-byeo-te tan
burro, estúpido	미련한	mi-ryeon-han

cego	눈먼	nun-meon
central	중앙의	jung-ang-ui
cheio (ex. copo ~)	가득 찬	ga-deuk chan
clandestino	은밀한	eun-mil-han

compatível	호환이 되는	ho-hwan-i doe-neun
comum, normal	보통의	bo-tong-ui
congelado	언	naeng-dong-doen
contente	만족한	man-jok-an

contínuo	장기적인	jang-gi-jeo-gin
contrário (ex. o efeito ~)	반대의	ban-dae-ui
cru (não cozinhado)	날것의	nal-geos-ui
curto	짧은	jjal-beun
denso (fumo, etc.)	밀집한	mil-ji-pan

difícil	어려운	eo-ryeo-un
direito	오른쪽의	o-reun-jjo-gui
doce (açucarado)	단	dan
doce (água)	민물의	min-mu-rui
doente	병든	byeong-deun

duro (material ~)	단단한	dan-dan-han
educado	공손한	gong-son-han
enigmático	신비한	sin-bi-han
enorme	거대한	geo-dae-han
especial	특별한	teuk-byeol-han

esquerdo	왼쪽의	oen-jjo-gui
estreito	좁은	jo-beun
exato	정확한	jeong-hwak-an
excelente	우수한	u-su-han
excessivo	과도한	gwa-do-han

externo	외부의	oe-bu-ui
fácil	쉬운	swi-un
feliz	행복한	haeng-bok-an
fértil (terreno ~)	비옥한	bi-ok-an

forte (pessoa ~)	강한	gang-han
frágil	깨지기 쉬운	kkae-ji-gi swi-un
gostoso	맛있는	man-nin-neun
grande	큰	keun
gratuito, grátis	무료의	mu-ryo-ui

27. Modificadores. Adjetivos. Parte 2

imóvel	동요되지 않는	dong-yo-doe-ji an-neun
importante	중요한	jung-yo-han
infantil	어린이의	eo-ri-ni-ui
inteligente	영리한	yeong-ni-han
interno	내부의	nae-bu-ui

legal	합법적인	hap-beop-jeo-gin
leve	가벼운	ga-byeo-un
limpo	깨끗한	kkae-kkeu-tan
líquido	액체의	aek-che-ui
liso	매끈한	mae-kkeun-han

longo (ex. cabelos ~s)	긴	gin
maduro (ex. fruto ~)	익은	i-geun
mate, baço	무광의	mu-gwang-ui
mau	나쁜	na-ppeun
mole	부드러운	bu-deu-reo-un

morto	죽은	ju-geun
não difícil	힘들지 않은	him-deul-ji a-neun
não é clara	불분명한	bul-bun-myeong-han
natal (país ~)	태어난 곳의	tae-eo-nan gos-ui
negativo	부정적인	bu-jeong-jeo-gin

normal	평범한	pyeong-beom-han
novo	새로운	sae-ro-un
obrigatório	의무적인	ui-mu-jeo-gin
original	독창적인	dok-chang-jeo-gin
passado	지난	ji-nan

pequeno	작은	ja-geun
perigoso	위험한	wi-heom-han
pessoal	개인의	gae-in-ui
pobre	가난한	ga-nan-han
possível	가능한	ga-neung-han
pouco fundo	얕은	ya-teun
primeiro (principal)	주요한	ju-yo-han

principal	주요한	ju-yo-han
provável	개연성 있는	gae-yeon-seong in-neun
rápido	빠른	ppa-reun

raro	드문	deu-mun
reto	곧은	go-deun
seguinte	다음의	da-eum-ui
similar	비슷한	bi-seu-tan
soberbo	우수한, 완벽한	u-su-han, wan-byeok-an

social	공공의	gong-gong-ui
sólido	튼튼한	teun-teun-han
sujo	더러운	deo-reo-un
suplementar	추가의	chu-ga-ui

triste (um ar ~)	슬픈	seul-peun
último	마지막의	ma-ji-ma-gui
usado	중고의	jung-go-ui
vazio (meio ~)	빈	bin
velho	오래된	o-rae-doen

28. Verbos. Parte 1

abrir (vt)	열다	yeol-da
acabar, terminar (vt)	끝내다	kkeun-nae-da
acusar (vt)	비난하다	bi-nan-ha-da
agradecer (vt)	감사하다	gam-sa-ha-da
ajudar (vt)	도와주다	do-wa-ju-da
almoçar (vi)	점심을 먹다	jeom-si-meul meok-da

alugar (~ um apartamento)	임대하다	im-dae-ha-da
amar (vt)	사랑하다	sa-rang-ha-da
anular, cancelar (vt)	취소하다	chwi-so-ha-da
anunciar (vt)	알리다	al-li-da
apagar, eliminar (vt)	삭제하다	sak-je-ha-da
apanhar (vt)	잡다	jap-da

arrumar, limpar (vt)	청소하다	cheong-so-ha-da
assinar (vt)	서명하다	seo-myeong-ha-da
atirar, disparar (vi)	쏘다	sso-da
bater (espancar)	때리다	ttae-ri-da
bater-se (vp)	싸우다	ssa-u-da
beber, tomar (vt)	마시다	ma-si-da

brincar (vi)	농담하다	nong-dam-ha-da
brincar, jogar (crianças)	놀다	nol-da
caçar (vi)	사냥하다	sa-nyang-ha-da
cair (vi)	떨어지다	tteo-reo-ji-da
cantar (vi)	노래하다	no-rae-ha-da
cavar (vt)	파다	pa-da

cessar (vi)	그만두다	geu-man-du-da
chegar (vi)	도착하다	do-chak-a-da
chorar (vi)	울다	ul-da
começar (vt)	시작하다	si-jak-a-da
comer (vt)	먹다	meok-da
comparar (vt)	비교하다	bi-gyo-ha-da
comprar (vt)	사다	sa-da
compreender (vt)	이해하다	i-hae-ha-da
confiar (vt)	신뢰하다	sil-loe-ha-da
confirmar (vt)	확인해 주다	hwa-gin-hae ju-da
conhecer (vt)	알다	al-da
construir (vt)	건설하다	geon-seol-ha-da
contar (fazer contas)	세다	se-da
contar (vt)	이야기하다	i-ya-gi-ha-da
contar com (esperar)	… 에 의지하다	… e ui-ji-ha-da
convidar (vt)	초대하다	cho-dae-ha-da
copiar (vt)	복사하다	bok-sa-ha-da
correr (vi)	달리다	dal-li-da
crer (vt)	믿다	mit-da
criar (vt)	창조하다	chang-jo-ha-da
custar (vt)	값이 … 이다	gap-si … i-da

29. Verbos. Parte 2

dançar (vi)	춤추다	chum-chu-da
dar (vt)	주다	ju-da
decidir (vt)	결심하다	gyeol-sim-ha-da
deixar cair (vt)	떨어뜨리다	tteo-reo-tteu-ri-da
depender de … (vi)	… 을 신뢰하다	… seul sil-loe-ha-da
desaparecer (vi)	사라지다	sa-ra-ji-da
desculpar (vt)	용서하다	yong-seo-ha-da
desculpar-se (vp)	사과하다	sa-gwa-ha-da
desligar (vt)	끄다	kkeu-da
desprezar (vt)	경멸하다	gyeong-myeol-ha-da
discutir (notícias, etc.)	의논하다	ui-non-ha-da
divorciar-se (vp)	이혼하다	i-hon-ha-da
dizer (vt)	말하다	mal-ha-da
duvidar (vt)	의심하다	ui-sim-ha-da
encontrar (achar)	찾다	chat-da
encontrar-se (vp)	만나다	man-na-da
enganar (vt)	속이다	so-gi-da
enviar (uma carta)	보내다	bo-nae-da
errar (equivocar-se)	실수하다	sil-su-ha-da
escolher (vt)	선택하다	seon-taek-a-da

esconder (vt)	숨기다	sum-gi-da
escrever (vt)	쓰다	sseu-da
esperar (o autocarro, etc.)	기다리다	gi-da-ri-da
esperar (ter esperança)	희망하다	hui-mang-ha-da
esquecer (vi, vt)	잊다	it-da
estar ausente	결석하다	gyeol-seok-a-da
estar com pressa	서두르다	seo-du-reu-da
estar com pressa	서두르다	seo-du-reu-da
estar de acordo	동의하다	dong-ui-ha-da
estudar (vt)	공부하다	gong-bu-ha-da
exigir (vt)	요구하다	yo-gu-ha-da
existir (vi)	존재하다	jon-jae-ha-da
explicar (vt)	설명하다	seol-myeong-ha-da
falar (vi)	말하다	mal-ha-da
falar com ...	··· 와 말하다	... wa mal-ha-da
faltar (clases, etc.)	결석하다	gyeol-seok-a-da
fazer (vt)	하다	ha-da
fazer, preparar (vt)	요리하다	yo-ri-ha-da
fechar (vt)	닫다	dat-da
felicitar (vt)	축하하다	chuk-a-ha-da
ficar cansado	피곤하다	pi-gon-ha-da
gostar (apreciar)	좋아하다	jo-a-ha-da
gritar (vi)	소리치다	so-ri-chi-da
guardar (cartas, etc.)	보관하다	bo-gwan-ha-da
insistir (vi)	주장하다	ju-jang-ha-da
insultar (vt)	모욕하다	mo-yok-a-da
ir (a pé)	가다	ga-da
jantar (vi)	저녁을 먹다	jeo-nyeo-geul meok-da
ler (vt)	읽다	ik-da
ligar (vt)	켜다	kyeo-da

30. Verbos. Parte 3

matar (vt)	죽이다	ju-gi-da
mergulhar (vi)	잠수하다	jam-su-ha-da
morrer (vi)	죽다	juk-da
mostrar (vt)	보여주다	bo-yeo-ju-da
mudar (modificar)	바꾸다	ba-kku-da
nadar (vi)	수영하다	su-yeong-ha-da
nascer (vi)	태어나다	tae-eo-na-da
negar (vt)	거부하다	geo-bu-ha-da
obedecer (vt)	복종하다	bok-jong-ha-da
odiar (vt)	증오하다	jeung-o-ha-da
olhar para ...	··· 를 보다	... reul bo-da

ouvir (vt)	듣다	deut-da
pagar (vt)	지불하다	ji-bul-ha-da
participar (vi)	참가하다	cham-ga-ha-da
pegar (tomar)	잡다	jap-da
pensar (vt)	생각하다	saeng-gak-a-da
perder (o guarda-chuva, etc.)	잃어버리다	i-reo-beo-ri-da
perdoar (vt)	용서하다	yong-seo-ha-da
perguntar (vt)	묻다	mut-da
permitir (vt)	허락하다	heo-rak-a-da
pertencer (vt)	··· 에 속하다	… e sok-a-da
perturbar (vt)	방해하다	bang-hae-ha-da
poder (v aux)	할 수 있다	hal su it-da
poder (v aux)	할 수 있다	hal su it-da
prever (vt)	예상하다	ye-sang-ha-da
proibir (vt)	금지하다	geum-ji-ha-da
prometer (vt)	약속하다	yak-sok-a-da
propor (vt)	제안하다	je-an-ha-da
provar (vt)	증명하다	jeung-myeong-ha-da
quebrar (vt)	깨뜨리다	kkae-tteu-ri-da
queixar-se (vp)	불평하다	bul-pyeong-ha-da
querer (desejar)	원하다	won-ha-da
receber (vt)	받다	bat-da
repetir (dizer outra vez)	반복하다	ban-bok-a-da
reservar (~ um quarto)	예약하다	ye-yak-a-da
responder (vt)	대답하다	dae-da-pa-da
rezar, orar (vi)	기도하다	gi-do-ha-da
roubar (vt)	훔치다	hum-chi-da
saber (vt)	알다	al-da
salvar (vt)	구조하다	gu-jo-ha-da
secar (vt)	말리다	mal-li-da
sentar-se (vp)	앉다	an-da
sorrir (vi)	미소를 짓다	mi-so-reul jit-da
tentar (vt)	해보다	hae-bo-da
ter (vt)	가지다	ga-ji-da
ter medo	무서워하다	mu-seo-wo-ha-da
terminar (vt)	끝내다	kkeun-nae-da
tomar o pequeno-almoço	아침을 먹다	a-chi-meul meok-da
trabalhar (vi)	일하다	il-ha-da
traduzir (vt)	번역하다	beo-nyeok-a-da
vender (vt)	팔다	pal-da
ver (vt)	보다	bo-da
verificar (vt)	확인하다	hwa-gin-ha-da
virar (ex. ~ à direita)	돌다	dol-da
voar (vi)	날다	nal-da

www.ingramcontent.com/pod-product-compliance
Lightning Source LLC
Chambersburg PA
CBHW060026050426
42448CB00012B/2883